RENÉ GIRARD

Realizações
Editora

Impresso no Brasil,
agosto de 2011

Título original: *Quand Ces
Choses Commenceront*.
Copyright © Arléa, 1994.
Todos os direitos
reservados.

Os direitos desta edição
pertencem a
É Realizações Editora,
Livraria e Distrib. Ltda.
Caixa Postal: 45321
cep: 04010 970
São Paulo, SP, Brasil
Telefax: (5511) 5572 5363
e@erealizacoes.com.br
www.erealizacoes.com.br

Diagramação e finalização
Mauricio Nisi Gonçalves
André Cavalcante
Gimenez
/Estúdio É

Pré-impressão e
impressão
Prol Editora Gráfica

Proibida toda e qualquer
reprodução desta edição
por qualquer meio ou
forma, seja ela eletrônica
ou mecânica, fotocópia,
gravação ou qualquer
outro meio de reprodução,
sem permissão expressa
do editor.

Editor
**Edson Manoel de
Oliveira Filho**

Coordenador da
Biblioteca René Girard
**João Cezar de Castro
Rocha**

Assistentes editoriais
**Gabriela Trevisan
Veridiana Schwenck**

Preparação de texto
Maiza P. Bernardello

Revisão
**Fernanda Marcelino
Liliana Cruz**

Design Gráfico
**Alexandre Wollner
Alexandra Viude**
Janeiro/Fevereiro 2011

RENÉ GIRARD

quando começarem a acontecer essas coisas

diálogos com Michel Treguer

René Girard

tradução Lília Ledon da Silva

Realizações Editora

Esta edição teve o apoio da Fundação Imitatio.

IMITATIO
INTEGRATING THE HUMAN SCIENCES

Imitatio foi concebida como uma força para levar adiante os resultados das interpretações mais pertinentes de René Girard sobre o comportamento humano e a cultura.

Eis nossos objetivos:

Promover a investigação e a fecundidade da Teoria Mimética nas ciências sociais e nas áreas críticas do comportamento humano.

Dar apoio técnico à educação e ao desenvolvimento das gerações futuras de estudiosos da Teoria Mimética.

Promover a divulgação, a tradução e a publicação de trabalhos fundamentais que dialoguem com a Teoria Mimética.

sumário

9
desejo mimético e determinismo: impasses e alternativas
João Cezar de Castro Rocha

23
prefácio
Michel Treguer

31
capítulo 1
primeiro apanhado, aqui e agora

47
capítulo 2
o desejo mimético: antes Shakespeare que Platão

59
capítulo 3
a crise mimética, os mundos sacrificiais

71
capítulo 4
a Bíblia

77
capítulo 5
o Cristo: ordens e desordens

93
capítulo 6
retomada da imitação

103
capítulo 7
a ciência

115
capítulo 8
o uno e o múltiplo

147
capítulo 9
a democracia

165
capítulo 10
Deus, a liberdade

187
capítulo 11
alguns outros – Freud

197
capítulo 12
um método, uma vida, um homem

233
breve explicação

235
cronologia de René Girard

239
bibliografia de René Girard

242
bibliografia
selecionada sobre
René Girard

251
índice analítico

261
índice onomástico

desejo mimético e determinismo: impasses e alternativas
João Cezar de Castro Rocha[1]

Diálogo como método

Um texto curto de Heinrich von Kleist pode ajudar a esclarecer tanto a centralidade do diálogo na obra de René Girard quanto uma das consequências mais perturbadoras da teoria mimética: *a precariedade radical do sujeito na determinação do próprio desejo*. Como reunir reflexivamente os dois aspectos? Ou, para dizê-lo sem meias palavras, o caráter mimético do desejo não possui limites? Ao fim e ao cabo, somos todos, ao mesmo tempo, e sem necessariamente sabê-lo, atores e espectadores de um incontornável "teatro de marionetes",[2] no qual representamos papéis predeterminados, cujos finais são mimeticamente previsíveis?

---

[1] Professor de Literatura Comparada da Universidade do Estado do Rio de Janeiro (UERJ).

[2] Refiro-me, claro, ao ensaio de Heinrich von Kleist, "Sobre o Teatro de Marionetes". No original, "Über das Marionettentheater". Texto publicado em 1810.

Viveríamos, assim, no universo imaginado pelo tenor italiano de Machado de Assis, o aposentado Marcolino, para quem a vida é uma ópera.[3] Contudo, não se trataria de espetáculo qualquer, mas de função inspirada numa autêntica análise combinatória movida pela triangularidade do desejo, noção-chave do pensamento de René Girard. O narrador de *Dom Casmurro* parece tê-la intuído perfeitamente: "Eu, leitor amigo, aceito a teoria do meu velho Marcolini, não só pela verossimilhança, que é muita vez toda a verdade, mas porque a minha vida se casa bem à definição. Cantei um *duo* terníssimo, depois um *trio*, depois um *quatuor*...".[4]

A questão, portanto, é espinhosa. Neste livro, aliás, o jornalista e escritor Michel Treguer insistiu no problema, buscando esclarecer a posição de René Girard: "Só se existe por meio do outro? Não há um eu autônomo?".[5]

Adiante, discutirei a resposta firme do pensador francês, que com certeza contém uma promessa, ainda a ser plenamente explorada, sobre a autonomia *relativa* do sujeito mimético.

Avanço, porém, passo a passo. E, antes de retornar à solução proposta pelo autor de *A Violência e o Sagrado*, recordo o conselho oferecido pelo narrador do texto de Kleist, "Da elaboração progressiva dos pensamentos na fala":

---

[3] "A vida é uma ópera e uma grande ópera. O tenor e o barítono lutam pelo soprano, em presença do baixo e dos comprimários, quando não são o soprano e o contralto que lutam pelo tenor, em presença do mesmo baixo e dos mesmos comprimários. Há coros e numerosos, muitos bailados, e a orquestração é excelente (...)". Joaquim Maria Machado de Assis, *Dom Casmurro*. Obra completa. Volume I. Afrânio Coutinho (org.). Rio de Janeiro, Nova Aguilar, 1986, p. 817.
[4] Ibidem, p. 819.
[5] Ver capítulo 2, adiante, p. 47.

Quando quiseres saber algo e não o consegues através de meditação, aconselho-te, meu caro, sagaz amigo, a falar a respeito com o primeiro conhecido que esbarrar em teu caminho. (...) O francês diz *l'appétit vient en mangeant*, e este provérbio continua verdadeiro se o parodiarmos e dissermos *l'idée vient en parlant*.[6]

Portanto, segundo o atormentado leitor de Kant que foi Kleist,[7] tudo se passa como se o melhor orador fosse aquele que, ao começar a falar, não soubesse exatamente como o discurso será concluído.[8] Na verdade, que nem soubesse como principiar a próxima frase, pois, como na obra do poeta, palavra-puxa-palavra![9]

---

[6] Heinrich von Kleist, "Da Elaboração Progressiva dos Pensamentos na Fala". Trad. Carlos Alberto Gomes dos Santos. *Floema*, ano IV, n. 4 A, p. 75-80, out. 2008, p. 75. No original, "Über die allmähliche Verfertigung der Gedanken beim Reden". Texto provavelmente composto em 1805/1806.

[7] É conhecido o episódio: após ler com cuidado a *Crítica da Razão Pura*, Kleist escreveu uma célebre carta (desesperada) à irmã, Ulrike. Ora, a obra do filósofo de Königsberg, ao negar a possibilidade de conhecer "a coisa em si" (*Das Ding an sich*), condenando a razão teórica ao mundo dos fenômenos, desconcertou profundamente o jovem escritor. Como aceitar tal precariedade? Como discutirei adiante, *aprender a lidar com a própria precariedade é central na teoria mimética*.

[8] "Eu acredito que todo grande orador, quando abria a boca, ainda não sabia o que diria. Mas a certeza de que criará o fluxo de ideias necessário às próprias condições e à resultante excitação de seu ânimo, fez com que ele fosse audaz o bastante para começar, contando com a boa sorte". Heinrich von Kleist, op. cit., p. 76.

[9] Num ensaio inspirado, assim se definiu a composição drummondiana: "Um dos processos poéticos de que mais frequentemente se serve Carlos Drummond de Andrade em sua obra é o que podemos chamar de *associação semântica e paronomástica* ou jogo de *palavra-puxa-palavra* ". Othon

desejo mimético e determinismo

Pelo contrário, o orador medíocre não só teria o discurso na ponta da língua, como também teria cuidadosamente memorizado o previsível repertório de gestos e entonações, na teatralidade típica de políticos da província – ou de intelectuais cosmopolitas.

A fórmula aguda de Kleist recorda o paradoxo proposto por Diderot no século anterior.

De fato, o século XVIII foi palco de uma polêmica importante acerca da arte da atuação. Divididos em "emocionalistas" e "antiemocionalistas", homens de teatro imaginaram formas opostas de encenação. Para os primeiros, o êxito do ator dependeria de sua "sensibilidade apaixonada, capaz de transformá-lo no personagem representado".[10] Múltiplo, macunaímico *avant la lettre*, o ator talentoso possuiria uma disponibilidade existencial infinita. Assim, poderia incorporar qualquer tipo, emprestando ao personagem não uma personalidade definida, mas, pelo contrário, sua ausência de caráter, num verdadeiro caleidoscópio emocional. A teoria da imaginação simpatética permitiu conciliar polos opostos: o ator nem tanto se revela uma pessoa quanto *personae*: seu rosto, uma máscara permanente – detrás da superfície, a celebração do nada.

Por seu lado, os antiemocionalistas insistiam "numa atuação mais cerebral do que emocional".[11] Desse modo,

---

Moacyr Garcia, *Esfinge Clara. Palavra-puxa-palavra em Carlos Drummond de Andrade*. Rio de Janeiro, Livraria São José, 1955, p. 9.
[10] Steven H. Jobe, "Henry James and the Philosophic Actor". *American Literature*, vol. 62, n. 1, 1990, p. 32.
[11] Ibidem.

o trabalho do ator deveria manter visível seu rosto para além da máscara. Em outras palavras, para criar conscientemente *personae* várias, é preciso ser uma pessoa determinada. Firmemente centrado, e somente assim, o ator faria girar a roda das vivências, tornando-as reconhecíveis aos demais. O ato de criar experiências comuns, mais do que simplesmente compartilhá-las, demandaria o controle rigoroso das emoções. Disciplinado, brechtiano *avant la lettre*, o ator abre mão da sensibilidade à flor da pele precisamente para comover o espectador, tornando seu distanciamento emocional uma forma de aproximação com as emoções da plateia. Nas palavras de Diderot:

> A extrema sensibilidade cria atores medíocres; a sensibilidade medíocre produz a multidão de maus atores; e é a falta absoluta de sensibilidade que prepara os atores sublimes.[12]

O orador – cujo discurso depende da participação dos ouvintes – e o ator – cuja atuação supõe o esvaziamento de sua personalidade – bem poderiam ser vistos como metonímias do sujeito mimético e dos limites de sua autonomia. Miméticos, portanto, o orador de Kleist e o ator de Diderot; afinal, apenas a partir do *outro* eles realizam suas vocações.

Daí a natureza estrutural do diálogo na obra girardiana: a interlocução assegura a centralidade do outro na

---

[12] Denis Diderot, *Paradoxe sur le Comédien*. *Entretiens sur le Fils Naturel*. Raymond Laubrea (org.). Paris, Flammarion, 1967, p. 133. Texto originalmente publicado em 1733.

formulação do próprio pensamento. E não me refiro exclusivamente ao ato mesmo de conceder inúmeras entrevistas, ou de participar de longos diálogos, transformados em livros – ambos os gestos são frequentes na produção do pensador francês. Penso no hábito polêmico, definidor do estilo intelectual girardiano,[13] como uma forma propriamente dialógica, essencial ao conteúdo de sua teoria. Nesse sentido, o que Girard diz acerca do criador da psicanálise reveste-se de relevância particular: "Freud passou muito perto do esquema mimético, o que me incomodou bastante no ponto de partida do meu trabalho, fez-me perder bastante tempo, uma vez que eu via a ambiguidade da minha relação com Freud".[14] É como se, através das inúmeras polêmicas em que se engajou, Girard estivesse colocando em prática o pressuposto da centralidade do outro na definição da identidade. Afinal, não é verdade que o debate de ideias é um modo oblíquo de admiração?

O sujeito mimético, portanto, coincide com o sujeito antropofágico oswaldiano, pois idêntica divisa poderia defini-los: "Só me interessa o que não é meu".[15] Isto é,

---

[13] Em suas palavras: "Se com isso quer dizer que eu possuo toda a combatividade típica dos intelectuais de minha geração, vou concordar sem problema. E os meus defeitos pessoais, como já sugeri, dão a algumas de minhas colocações um tom mais duro do que seria conveniente e, de um modo geral, prejudicam a minha eficiência". Ver capítulo 12, adiante, p. 207.
[14] Ver capítulo 11, adiante, p. 188.
[15] Oswald de Andrade, "Manifesto Antropófago". In: *A Utopia Antropofágica*. São Paulo, Globo, 1990, p. 47. A afirmação completa diz: "Só me interessa o que não é meu. Lei do homem. Lei do antropófago". Nesta apresentação naturalmente não disponho de espaço para desenvolver o instigante paralelo, mas desde já anoto sua pertinência; aliás, nesse sentido, vale recordar

14 quando começarem a acontecer essas coisas

até transformar o alheio em próprio, e transformá-lo a tal ponto que as fronteiras entre o eu e o outro se confundem. No fundo, e cada um a seu modo, Oswald de Andrade e René Girard assimilaram criativamente a lição freudiana. A partir da leitura especialmente de *Totem e Tabu* (1913), o pensador e poeta brasileiro inverteu os termos da equação, descobrindo "a transformação permanente do tabu em totem".[16] O crítico literário e pensador francês superou a angústia da influência através da "força da explicação do desejo mimético mesmo em campos especificamente freudianos, como a psicopatologia".[17] Ou seja, em alguma medida, metamorfoseando o alemão no francês.

Oswald e Girard, então, são parentes próximos do ator sonhado por Diderot ou do orador imaginado por Kleist: todos dependeram de outro(s) na descoberta de sua voz. Afinal, é sempre a partir do outro que se define uma identidade, cuja precariedade pode ser vivida como abertura precisa à contribuição milionária da alteridade. No centro do sujeito mimético, portanto, encontra-se a multiplicação de *outros*, ou seja, de inúmeros modelos adotados na definição do desejo.

Essa é a motivação do questionamento de Michel Treguer, que pontua diversas passagens deste livro, além de dominar boa parte das críticas à obra de Girard: "Só se existe por meio do outro? Não há um eu autônomo?".

a importância do canibalismo na reflexão girardiana em *A Violência e o Sagrado* e em *Evolução e Conversão*.
[16] Ibidem, p. 48.
[17] Ver capítulo 11, adiante, p. 188.

Desejo mimético e determinismo?[18]

Recorde-se, então, em linhas gerais, a gênese do desejo mimético, cuja força explicativa levou Girard a encontrar um rumo próprio. Ora, segundo o pressuposto fundamental de sua teoria, dois sujeitos somente passam a desejar-se através da mediação de um terceiro sujeito, tomado como modelo. Vale dizer, toda relação amorosa é sempre triangular, há sempre um *outro* que estimula o desejo de um dos vértices do triângulo: não há mesmo dois, sem três!

Tal intuição, inicialmente desenvolvida em *Mensonge Romantique et Vérité Romanesque* (1961) e *Dostoïevski: Du Double a l'Unité* (1963),[19] deu origem à complexidade da teoria mimética. Seu corolário denuncia a ilusão de autonomia do sujeito, pedra de toque de concepções românticas, ainda hoje dominantes, baseadas na noção idealizada de uma subjetividade autossuficiente, porque autotélica. Nesse horizonte, a relação amorosa é sempre compreendida como o vínculo direto entre dois sujeitos, ideal expresso na fórmula consagrada do "amor à primeira vista".

Já no horizonte descortinado pela teoria mimética, vivencia-se uma realidade muito diferente.

Vejamos.

Ora, poucos exemplos da vulnerabilidade do sujeito possuem a eloquência de *Dom Casmurro*. Como se anunciasse

---

[18] Nesta seção, retomo ideias expostas na introdução a *Mentira Romântica e Verdade Romanesca*. Trad. Lilia Ledon da Silva. São Paulo, Editora É, 2009, p. 13-24.
[19] Livro publicado na Biblioteca René Girard com o título *Dostoiévski: Do Duplo à Unidade*. Trad. Roberto Mallet. São Paulo, Editora É, 2011.

o fundamento da teoria mimética, Bentinho denominou o capítulo em que descobriu "seu" amor por Capitu com uma dicção inegavelmente girardiana: "a denúncia". Como o leitor saberá de cor, o agregado José Dias decidiu confessar à mãe de Bentinho sua preocupação com a amizade "excessiva" de Bentinho e Capitu. Escondido no corredor da casa, o futuro narrador do romance tudo escuta. Mais tarde, sozinho, começa a pesar as palavras do agregado: "Com que então eu amava Capitu, e Capitu a mim? Realmente, andava cosido às saias dela, mas não me ocorria nada entre nós que fosse deveras secreto. (...) Tudo isto agora me era apresentado pela boca de José Dias, que *me denunciara a mim mesmo*".[20] Bentinho, como se vê, é um dos personagens mais miméticos da literatura brasileira, pois depende totalmente da presença de um *mediador* para saber *se ama* e *a quem ama*. Esse é o procedimento trazido à luz na prosa dos grandes autores, ou seja, *o desejo é sempre mediado, supõe uma complexa relação triangular*, em vez de anunciar o contato direto entre dois "corações simples". Ao contrário do lugar-comum, tornado dogma com a avalanche ideológica representada pelo romantismo, em briga de marido e mulher desde sempre alguém meteu a colher. Por assim dizer, todo casal tem o José Dias que merece.

Ou a Leopoldina que lhe cabe, se pensarmos no outro grande romancista da língua portuguesa, Eça de Queiroz.

---

[20] Machado de Assis, op. cit., p. 821 (grifos meus). Passagem extraída do capítulo 12, "Na Varanda". A continuação imediata da passagem é igualmente reveladora: "e a quem eu perdoava tudo, o mal que dissera, o mal que fizera, e o que pudesse vir de um e de outro. Naquele instante, a eterna Verdade não valeria mais que ele, nem a eterna Bondade, nem as demais Virtudes eternas. Eu amava Capitu! Capitu amava-me!".

Em *O Primo Basílio*, Luísa, depois de encontrar-se com seu amante, assim considerou sua nova condição: "Foi-se ver ao espelho; achou a pele mais clara, mais fresca, e um enternecimento úmido no olhar; – seria verdade então o que dizia a Leopoldina, que 'não havia como uma maldadezinha para fazer a gente bonita'? Tinha um amante, ela!".[21] A sagacidade da intuição girardiana permite que se vislumbre na referência em tese irrelevante à opinião da amiga a presença de elemento-chave. Afinal, por que teríamos casos se não pudéssemos compartilhar os frutos da transgressão com a roda de amigos? Eis a razão profunda pela qual amor e ciúme sempre formam um par indissolúvel: o ciúme é a promessa do outro, na presença real ou imaginária do rival. Não importa: o ciúme assegura que o objeto do meu desejo *também é potencialmente desejável por outros*, e, no espelho dos seus olhos, meu desejo não pode senão aumentar. Aliás, é o que em geral ocorre nas peças de William Shakespeare: os personagens apaixonam-se, por assim dizer, pelos ouvidos, não pelos olhos.[22]

Na caracterização mordaz de personagem de um romance tão mimético que seu próprio título pode ser lido como um ensaio girardiano, *The Mimic Men*, o mecanismo é explicitado: "Ele era como eu: necessitava da orientação dos olhos de outro homem".[23] Logo a seguir, o escritor apresenta o corolário da atitude: "Tornamo-nos o que

---

[21] Eça de Queiroz, *O Primo Basílio. Episódio doméstico*. São Paulo, Ateliê, 2004, p. 226.
[22] René Girard, *Shakespeare: Teatro da Inveja*. Trad. Pedro Sette-Câmara. São Paulo, Editora É, 2011.
[23] Vidiadhar Surajprasad Naipaul, *The Mimic Men*. Nova York, Vintage, 2001, p. 23.

vemos de nós mesmos nos olhos dos outros".[24] Não seria então o caso, já que mencionamos *O Primo Basílio*, de resgatar pelo avesso o Conselheiro Acácio? Segundo a ótica da teoria mimética somos todos um tanto (ou mesmo muito) acacianos, pois sempre necessitamos de uma autoridade externa para sustentar nossas afirmações, inclusive as mais triviais – talvez, sobretudo, as mais banais. Em síntese, necessita-se da mirada alheia, porque ela ajuda a definir a própria imagem. Portanto, se não me equivoco, a obra girardiana deve possibilitar uma compreensão renovada da cultura brasileira: eis a tarefa dos leitores deste livro – e dos demais que compõem a Biblioteca René Girard.

Recorde-se, então, pela última vez, o *leitmotiv* subjacente à preocupação de Michel Treguer: "Só se existe por meio do outro? Não há um eu autônomo?".

Desejo mimético e liberdade

Retorno à resposta de René Girard, a fim de dimensionar adequadamente a relação entre desejo mimético e determinismo, isto é, a fim de refletir sobre a questão da liberdade possível no universo dominado pelo mimetismo:

> *Não digo que não exista um eu autônomo. Digo que as possibilidades do eu autônomo, de certo modo, ficam quase*

[24] Ibidem, p. 25.

sempre encobertas pelo desejo mimético e por um falso individualismo, cuja fome por diferença tem, pelo contrário, efeitos niveladores.[25]

No capítulo 12 deste livro, numa análise minuciosa do famoso episódio da mulher adúltera no Novo Testamento, e, sobretudo, provocado pela insistência de seu interlocutor na busca de uma zona potencial de autonomia do sujeito, Girard explicitou ainda mais o caráter não determinista da teoria mimética:

> A teoria mimética enfatiza a propensão universal para seguir modelos. A teoria mimética assinala a impotência dos homens em não imitar os exemplos mais fáceis, os exemplos mais seguidos, porque é isso que predomina em toda sociedade. *Não se deve concluir a partir disso que eu negue a liberdade individual.*[26]

Em outras palavras, o destaque concedido à necessária presença do alheio na determinação do próprio corresponde à dinâmica do mecanismo mimético. Contudo, o pensamento girardiano não oferece receitas monótonas,[27]

---

[25] Ver capítulo 2, adiante, p. 48 (grifos meus).
[26] Ver capítulo 12, adiante, p. 215 (grifos meus). Um pouco adiante, Girard completou o raciocínio: "Há sempre um arroubo mimético numa direção ou na outra. Enquanto se precipitam na direção já escolhida pelos primeiros, os imitadores (*mimic men*) se parabenizam por seu espírito de decisão e de liberdade". Ibidem, p. 216.
[27] No reconhecimento do autor: "Não se pode definir regras, não se pode dar receitas". Ver capítulo 5, adiante, p. 91.

mas uma forma de imaginar novos problemas: "Em toda aventura social, seja qual for a sua natureza, a proporção de autêntico individualismo é obrigatoriamente mínima, *mas não inexistente*".[28]

Portanto, é apressada a interpretação usual que associa teoria mimética e determinismo, ou seja, teoria mimética e negação radical de qualquer nível de liberdade do sujeito. O próprio Girard, porém, reconhece seu quinhão nessa sucessão de mal-entendidos: "Com certeza parte da responsabilidade por essa situação cabe a mim. Tenho a impressão de que nunca consegui expor a minha intuição na ordem mais lógica, didática e compreensível possível".[29]

Talvez a complexidade da teoria mimética desfavoreça uma resposta simples ou uma exposição convenientemente asséptica. O leitor da Biblioteca René Girard deve saber que os textos do autor de *Coisas Ocultas desde a Fundação do Mundo* tanto esclarecem acerca da violência do mecanismo mimético quanto revelam que *também* estamos envolvidos na sua dinâmica: somos, a um só tempo, sujeito e objeto do mimetismo.

Não importa: o orador sem rumo e o ator sem sensibilidade nem por isso deixam de proferir o discurso e de subir ao palco. De igual sorte, o sujeito mimético, precário na sua formação, incapaz de escapar totalmente da

---

[28] Ver capítulo 12, adiante, p. 216 (grifos meus).
[29] Ver capítulo 12, adiante, p. 219 (grifos meus). No capítulo 10, p. 172, Girard já havia dito: "Aquilo em que eu acredito me parece muito luminoso, mas o que eu digo fica bem atrás".

centralidade do outro na determinação do desejo, ainda assim possui a liberdade de reconhecer que sua autonomia encontra-se reduzida ao máximo. Contudo, *saber-se precário é a forma possível da liberdade no circuito mimético*. Reconhecer-se enredado em suas malhas é a autonomia mínima a que temos acesso, mas ainda assim se trata de uma autonomia real, cujos efeitos podemos controlar – pelo menos um pouco, bem entendido.

O sujeito mimético, portanto, conhece a paixão do poeta, pois sua liberdade é da mesma natureza: medida. E o metro é estreito, mas não irredutível.[30]

Por isso: *liberdade*. Embora, medida.

Medida, ou seja, *decisiva*.

---

[30] Refiro-me ao poema de Carlos Drummond de Andrade, "A Paixão Medida"; aliás, também título do livro *A Paixão Medida*.

prefácio
Michel Treguer

René Girard é seguramente uma figura impressionante: francês nascido em Avignon, em 1923, vive desde 1947 nos Estados Unidos, onde se casou e leciona na Universidade Stanford, Califórnia. O título de seu primeiro livro – *Mentira Romântica e Verdade Romanesca* (1961)[1] – exigia um tempo extra para reflexão até que se percebesse a natureza escandalosa de sua tese; a obra podia levar ao ledo engano de fazer parte de coleções especializadas, sem se fazer notar como uma aberração. Mas eis que o véu se rasga bem depressa e trombetas nunca soadas ecoam em nossos congressos universitários. Muito embora nossos intelectuais estivessem propensos a se vincular à linha de pensamento de Lênin, Trótski, Mao Tsé-Tung, ou então, de Freud e de Saussure, quando os mestres ainda se chamavam Sartre ou então Lacan, Lévi-Strauss, Althusser, Foucault, Barthes, um pensador original, que sem dúvida vive no deserto em meio a cascavéis, ou no topo de um pedestal, põe-se a despejar nas prateleiras

---

[1] *Mentira Romântica e Verdade Romanesca.* Trad. Lília Ledon da Silva. São Paulo, Editora É, 2009.

de nossas livrarias volumes insólitos com títulos que são um despropósito: *A Violência e o Sagrado* (1972), *Coisas Ocultas desde a Fundação do Mundo* (1978) – livros que propõem uma explicação religiosa generalista para nossos comportamentos individual e social; que têm Cervantes, Shakespeare, Marivaux ou Proust como mais realistas que Marx; sobretudo livros que, em plena penúria estruturalista, às margens do Bulevar Saint-Michel, afirmam que a chave do Paraíso, há dois mil anos, está bem embaixo de nossos olhos, nos Evangelhos, onde não nos atrevemos a agarrá-la com mão firme, e que Jesus é efetivamente o Deus único e uma só vez encarnado, que o papa e nossas avós carolas sempre disseram ser... E lá se vai mais lenha jogada na fogueira de nossos debates parisienses e universitários.

A violência das reações mostrou-se à altura da provocação, da mescla de novidade e conservadorismo dessas perspectivas. Para ser bem honesto, eu mesmo cheguei a me perguntar se René Girard não seria um discípulo dos terríveis inquisidores, dos missionários uniformizadores, destruidores de culturas. Travei com ele polêmicas acirradas nas ondas da rádio France-Culture. Mas também nesses debates havia algo insólito: esses diálogos conturbados, essas agressões verbais que me teriam enraivecido para sempre se fosse com qualquer outro pensador, deixavam René Girard um modelo de benevolência, interessado, curioso, amigável, afetuoso. Aquele cavalheiro não era como os outros.

Desde então, transcorridos alguns poucos e breves anos, o mundo mudou bastante. A União Soviética desapareceu. A experiência comunista acaba de se extinguir como se jamais tivesse existido. A única alternativa proposta pelos filósofos à democracia liberal capitalista foi testada em tamanho original, em plena realidade; e não funcionou. Não estamos mais, de modo algum, no mesmo ponto que no início do século e não estamos mais, como lá estávamos, diante dos séculos ainda por vir. A história nos cega sem constrangimento – ou nos abre os olhos – com seus paradoxos. A democracia e seus direitos humanos parecem ter-se imposto a todos e por toda parte definitivamente. É uma reviravolta impressionante. Eis que esse regime, cujos próprios defensores enfatizavam até agora sua fraqueza congênita, a incapacidade de equiparar-se às ditaduras que exploram sem escrúpulos seus súditos submissos, ei-lo que aparece também como o mais eficaz: até segunda ordem, como o único eficaz. A Guerra do Golfo veio recordar aos incrédulos remanescentes que os Aliados de 1945 não haviam perdido nenhuma de suas virtudes guerreiras. Percebe-se melhor que a salvação dos países do Eixo, Alemanha e Japão, deveu-se unicamente à adoção dos valores daqueles que os haviam vencido. Na comemoração, hoje, dos quinhentos anos da primeira viagem de Colombo, que prenunciou a um só tempo o desenvolvimento do capitalismo mercantil e a destruição da América indígena, ressurgem questões que empolgam e apavoram ao mesmo tempo: a ocidentalização do planeta inteiro, a destruição das demais culturas, dos demais regimes seria inevitável, desejável, programada? O triunfo da democracia seria uma vitória do amor e da liberdade, ou a de uma máfia de gângsteres sedimentando seu bem-estar com a infelicidade alheia? Os países mais ricos estão realmente na liderança desse jogo ou, por sua vez, não passam de joguetes de processos planetários, físicos, biológicos, metafísicos, religiosos que os superam e os arrastam?

Nossos intelectuais viram seus ídolos escapar-lhes por entre os dedos. Puseram-se a queimá-los na fogueira de seus novos estudos, a perdê-los nas imensidões de novos e elaborados paradigmas, nos quais se fala muito em acaso, auto-organização, complexidade, noções cujo interesse não basta para disfarçar que se trata de uma confissão de impotência diante dos mistérios do mundo...

Por outro lado, e mesmo que ele não pare de complementar, ajustar, sutilizar suas análises, René Girard, por sua vez, muito provavelmente não alterou o teor básico de sua mensagem, que se qualificará, de acordo com o enfoque escolhido, como otimista ou apocalíptica. Algumas de suas conclusões – o anúncio da unificação, da uniformização da humanidade – continuam me deixando gelado. Só que, aí é que está: E se ele estiver dizendo a verdade? E se ele for aquele que nos faz lembrar o escândalo?

"A cortesia", diz René Girard, "não deve chegar a ponto de nos impedir de pensar."

O texto a seguir, reformulado por Michel Treguer, e revisto por René Girard, decorre fundamentalmente de duas entrevistas gravadas – sem a presença de terceiros – pelos autores.

Algumas páginas, entretanto, foram aproveitadas do texto (inédito), de um lado, de outras conversas entre René Girard e Jean-Claude Guillebaud – evidentemente com a generosa autorização deste último, a quem os dois autores agradecem – e, de outro, de textos (reformulados) de René Girard, antigos ou recentes, em francês ou em inglês.

O entrelaçamento dos temas é, ao mesmo tempo, inevitável e proposital: muito além da expressão verbal que originou este texto, o conjunto do fenômeno humano que está nele discutido dificilmente poderia ficar limitado a uma exposição linear. Podemos até apostar que certas repetições serão muito bem-vindas para esclarecer alguns dos mal-entendidos que ainda cercam a obra de René Girard.

Quando começarem a acontecer essas coisas... é uma citação do Evangelho segundo São Lucas 21,28. Ela havia sido empregada por Philippe Murray na revista *Tel Quel*, como título de uma entrevista com René Girard, por ocasião do lançamento de seu livro *Coisas Ocultas desde a Fundação do Mundo*.

capítulo 1
primeiro apanhado, aqui e agora

Michel Treguer: René Girard, tanto pior se isto foge à lógica, mas antes de retomar mais adiante a exposição do seu pensamento de modo mais bem organizado, gostaria de começar aqui e agora, nestes acontecimentos da atualidade em que as nossas vidas estão mergulhadas e que vemos se desenrolar a cada dia como um filme acelerado. Para dar desde já ao leitor uma ideia do imenso campo de aplicação e do poder de interpretação de sua teoria. Para que ele vá se familiarizando com a linguagem que empregaremos. O que me leva a resumir, de imediato, a base da sua tese em umas poucas frases. Por favor, corrija-me se eu estiver errado!

Todo grupo de homens está sujeito a mecanismos que o senhor chama de mimetismo, de imitação e de inveja recíprocas, que são necessariamente geradores de violência. Cada um deseja o que o outro deseja, depois imita a maneira que o outro tem de desejar, etc. Eventualmente ou com um ritmo aproximadamente cíclico, a febre dessa competição sem saída culmina numa crise que põe em risco a coesão do grupo. Essa observação que pode parecer à primeira vista anedótica é, na verdade, o que fundamenta um princípio explicativo potentíssimo e geral, possibilitando esclarecer a quase totalidade dos comportamentos individuais e coletivos, desde as brigas de casal até os mais amplos fenômenos históricos, desde os primórdios da humanidade até os tempos de hoje.

As primeiras sociedades solucionaram essas "crises miméticas", sempre renascentes, apontando uma vítima – um bode expiatório – de ser responsável por todos os pecados do grupo e sacrificando-a. Depois, progressivamente, simulacros substituíram os assassinatos reais. Assim nasceram os ritos das religiões pagãs primitivas e os mitos encarregados de legitimá-las, remetendo-as ao horror sagrado das origens. Em outras palavras, todas as culturas humanas têm por base e ponto de partida o ato de matar. A iniciação das crianças consolidava esses sistemas fechados e perpetuava o poder dos adultos.

O senhor acredita que a mensagem do Cristo, tal como nos é passada pelos Evangelhos, constitui uma ruptura absoluta nesses "eternos retornos", o verdadeiro início de uma humanidade verdadeira. Jesus, o primeiro e o único, disse dos mitos e dos ritos: "São mentiras, as vítimas eram inocentes. Parem de se invejar e de se contrapor, pois daí vem todo o mal. Amem-se uns aos outros. Filhos de todos os países, libertem-se: os pais mentem". Dizendo isso, obviamente, ele proclama os direitos humanos de que ainda se ouvirá falar bastante e que, por consequência, é basicamente o "direito das vítimas de pedir uma prestação de contas aos seus perseguidores". Isso lhe parece satisfatório?

René Girard: Isso está satisfatório para mim, com exceção da sua expressão: "os pais mentem", Cristo não falaria assim. A condenação precipitada dos pais já assolava a época dele e ele a denunciou. Censurou os fariseus que diziam: "Se tivéssemos vivido no tempo de nossos pais, não teríamos nos juntado a eles para matar os profetas". Os que falam assim são os mais propensos a se juntar aos futuros arroubos miméticos. O sentimento de superioridade sobre o passado que eles experimentam já é, por si só, uma violência mimética muito análoga àquela que se imagina ter deixado para trás.

Quero chamar a atenção para o fato de que a cristalização das tensões do grupo em detrimento de uma vítima é um processo inconsciente. O que melhor prova essa inconsciência é que se o senhor perguntar hoje à França inteira: "As pessoas que o cercam têm bodes expiatórios?", só ouvirá respostas afirmativas; mas se perguntar na sequência aos mesmos indivíduos: "Você tem bodes expiatórios?", só obterá respostas negativas. Tornar-se cristão é fundamentalmente dar-se conta de que os bodes expiatórios existem não só para os outros. E repare que os dois principais cristãos da história, os fundadores da Igreja, Pedro e Paulo, são dois perseguidores convertidos. Antes da sua conversão, eles próprios acreditavam não ter bodes expiatórios.

Outro ponto. Os ritos não são apenas, como se ouve dizer às vezes, meras comédias de reconciliação, um tipo de acontecimento inocente pelo qual os membros do grupo reconhecem entre si a sua identidade e reforçam o seu sentimento de pertencer à comunidade. É realmente a cultura humana no que ela tem de mais poderoso. O cristianismo nos ensina que essa instância essencial da condição humana está fundamentada na mentira, mas uma espécie de mentira imperceptível, em razão daquilo que os filósofos chamam de "clausura da representação". Cada um de nós vive no interior de um sistema cultural como num aquário. Esse sistema é fechado. De certa forma, ele fica sempre fechado por vítimas...

M. T.: Pare! Nada de muitos detalhes! Retomaremos todos esses pontos, mas me parece que é preciso primeiro dar um panorama global da sua reflexão. Acrescento então duas colocações à minha introdução, pois a vida e a morte de Cristo não bastarão para arrancar imediatamente a humanidade do reinado do ódio e da mentira.

Por um lado, o próprio cristianismo histórico se enganará ao praticar uma "leitura sacrificial" da morte de Cristo. A bem da verdade, pelo que o senhor diz – e mesmo que ele tenha sido tratado como bode expiatório –, Cristo não morreu culpado como as vítimas (frequentemente divinizadas depois dele) de todos os relatos míticos, tomando sobre si os pecados dos homens, o que lhes teria garantido, em suma, somente um alívio provisório; mas, pelo contrário, inocente, dizendo aos homens: "De agora em diante, vivam e morram segundo o meu exemplo, sem fazer vítimas, defendendo-as". É nesse erro que se deve procurar a explicação para a violência de que a própria história cristã está manchada.

Por outro lado, e de forma mais geral, a revelação dessa verdade é um processo lento que vai gerando no caminho, com sua erradicação progressiva, toda espécie de desdobramentos e exageros monstruosos desses mecanismos.

Bem, tendo então relembrado isso, que já é um pouco complicado, a minha primeira pergunta vai ser bem simples: será que o senhor vê na recente libertação inacreditável dos países do Leste Europeu, num tempo incrivelmente curto, a realização da promessa contida nos Evangelhos? Esses acontecimentos são uma peripécia do século XX ou têm um sentido em escala milenar?

R. G.: O resumo que o senhor fez de minha tese não é totalmente exato. Não digo que o cristianismo histórico se engana. A Igreja não trai os Evangelhos empregando a palavra sacrifício como o faz. Ela o emprega num sentido que remonta ao início dos tempos, é óbvio, mas que foi renovado pelo que fez Cristo, e eu não estou pondo em dúvida sua legitimidade. É o sentido mais profundo, mais pleno.

Não há na minha perspectiva as rupturas radicais com a tradição que a minha linguagem pode ter deixado supor, vez por outra. Mas acho que voltaremos a essa questão. Quanto ao marxismo, minha resposta obviamente é positiva. O marxismo funciona de fato para mim segundo mecanismos do tipo "bode expiatório", é claro que com alguns requintes se comparado ao processo originário: as vítimas são aí deliberadamente escolhidas em função de uma teoria...

M. T.: O bode expiatório, aqui, é a classe burguesa?

R. G.: Sim e não. O surgimento de sistemas desse tipo são acidentes prováveis em meio ao universo cristão. À medida que a verdade acerca dos mecanismos da violência vai surgindo, processos secundários se instalam para contorná-los e redobrá-los. O marxismo e o nazismo são exemplos disso. O desmoronamento do marxismo é para mim o de um sistema de perseguição quase mítico: ele está segundo o que eu acredito ser a evolução normal, a longo prazo, do nosso universo...

O sistema dos bodes expiatórios se intensificou tanto sob Stalin que nos lembra uma sociedade primitiva enlouquecida. Em *O Arquipélago Gulag*, por exemplo, Soljenitsin conta que a presença de um suspeito num prédio de Moscou acarretava, às vezes, a detenção de todos os moradores da rua. É um pouco como naquelas sociedades que veem o nascimento de gêmeos como uma manifestação de violência contagiosa, por ser mimética. Seus membros pensam então, muito "logicamente", que a mãe decerto violou algum interdito, que provavelmente cometeu um adultério. Por vezes o medo da violência é tamanho que a desconfiança se estende à família inteira e até aos vizinhos, ao bairro todo. Em vez de mandar todo mundo para o *gulag*, exigem-se purificações rituais, o que com toda certeza é preferível. O stalinismo também lembra, *mutatis mutandis*, a multiplicação demente dos sacrifícios humanos na América pré-colombiana...

M. T.: E o nazismo?

R. G.: A nossa época já viveu ou se prepara para viver o desabamento dos três mais poderosos esforços para substituir o [pilar] religioso. O da Alemanha nazista é o fracasso de um neopaganismo cujos verdadeiros conceitualizadores são Nietzsche e Heidegger. O do comunismo é o fracasso do marxismo. Um terceiro desabamento, que saberemos evitar, pelo menos assim espero, ameaça ocorrer: o das democracias capitalistas, que significaria o fracasso do cientificismo, de todos os esforços empreendidos para reduzir os problemas do homem a uma falsa objetividade, uma espécie de higiene mental e física, no estilo do liberalismo selvagem, das psicanálises, etc.

Enquanto o marxismo de início estava fundamentado sobre uma esperança, sobre um desvio do amor cristão, o nazismo, por sua vez, é abertamente anticristão. Penso que se pode pressentir isso com base em Nietzsche, que diz claramente que, no universo cristão, não se pode mais proceder aos sacrifícios, segundo ele, indispensáveis; a última parte Nietzsche disse de verdade...

M. T.: Verdade?

R. G.: Aqui está:[1] "O indivíduo foi levado tão a sério, definido tão bem como [ser] absoluto pelo cristianismo, que não se podia mais *sacrificá*-lo: mas a espécie não sobrevive senão graças aos sacrifícios humanos... A verdadeira filantropia exige o sacrifício para o bem da espécie: ela é dura, obriga a dominar a si mesmo, porque precisa do sacrifício humano. E essa pseudo-humanidade que se intitula cristianismo quer precisamente impor que *ninguém seja sacrificado*...".

A verdadeira "grandeza do nacional-socialismo" – expressão efetivamente empregada por Martin Heidegger em *Introdução à Metafísica* – consistiu, parece-me, em combater abertamente o projeto de uma sociedade sem bodes expiatórios nem vítimas sacrificiais, isto é, o

---

[1] *Oeuvres Complètes XIV, Fragments Posthumes*, 88-89. Paris, Gallimard, 1977, p. 224-25 (os grifos são de René Girard).

projeto cristão e moderno que, paradoxalmente, Nietzsche foi o primeiro a compreender. O nacional-socialismo se esforça para tornar esse projeto indeferido e sem efeito. Retoma-se deliberadamente o sistema dos bodes expiatórios, o que forçosamente é mais recriminável do que a inconsciência arcaica. O neopaganismo não pode levar senão a isso. A intenção é tornar a criar mitos assumindo os judeus como vítimas, e mitos primitivos mesmo, com um retorno à floresta germânica...

M. T.: O nazismo foi a tentativa delirante de refabricar mitos com conhecimento de causa?

R. G.: A meu ver, foi. Foi um pecado contra o espírito. Fazer vítimas sabendo o que se estava fazendo, e por razões quase espirituais, para fechar a comunidade novamente na atitude de jogar a culpa nas costas de bodes expiatórios. O marxismo, pelo contrário, mostra uma inspiração supercristã!

M. T.: Era o que eu ia dizer. As semelhanças entre o cristianismo e o marxismo são flagrantes: nos dois casos, fala-se, ou falava-se, de amor, de conversão, de extensão para a Terra toda de um Paraíso que virá... São quase as mesmas palavras, como saídas da boca de dois irmãos inimigos... O senhor mesmo ainda há pouco falou de "acidentes prováveis em meio ao universo cristão". O senhor quer dizer que o aparecimento do marxismo tem algo a ver com o cristianismo?

R. G.: É um desvio do cristianismo, na medida em que a utopia necessariamente acaba em malogro. Então, para perpetuá-la, para não admitir seu fracasso, precisa-se de vítimas... para explicar o fato de que sempre há vítimas! Como os operários são pobres e permanecem pobres, a culpa é dos burgueses, dos imperialistas, etc. Pode-se verificar isso até nos mínimos detalhes comportamentais. Lembro-me de uma notícia de jornal que tinha me deixado impressionado. No começo da era Gorbatchev, dois navios se chocaram no Mar Negro, afundaram e houve um grande número de vítimas; num caso desses, enquanto os ocidentais perguntavam primeiro sobre as condições técnicas dos navios, a qualidade da sinalização, etc., a pergunta das autoridades soviéticas foi de imediato: "Quem é o culpado?". Isso não parece ser importante, mas possibilita talvez entender os séculos de evolução científica e, provavelmente, de superioridade técnica do Ocidente cristão: esse mecanismo consegue se desenvolver a partir do momento em que o pensamento, no seu confronto com o mundo material, fica livre do sistema de bode expiatório. Num universo técnico, não podemos mais nos dar ao luxo de substituir as causas técnicas por culpados. Se, quando cai um avião, contentarmo-nos [apenas] em apontar um culpado, é evidente que novos acidentes acontecerão... Até que um dia não terá sobrado mais nenhum avião!

Mesmo que a instituição cristã tenha sido localmente o instrumento ou a instigadora da caça às bruxas, o cristianismo é o seu verdadeiro destruidor, pois faz os homens verem a arbitrariedade dos desencadeamentos persecutórios que desembocam na violência. Ele faz ver isso por meio da Paixão que já é, por si mesma, um desencadeamento persecutório desvendado e denunciado como tal. O que há de mais notável historicamente no fim da Idade Média não é a epidemia de bruxaria nem sua repressão, mas o fato de ela ser a última; é o advento de um mundo no qual a crença na bruxaria é tida como um absurdo que mal se consegue entender. A ideia de que não se deve acreditar nesse tipo de coisas torna-se então uma propriedade em comum, partilhada pela imensa maioria dos homens. Não é mais o privilégio, por sinal ainda não totalmente assegurado, de uns raros indivíduos emancipados. Dali para frente, a descrença para com a bruxaria nos parece tão óbvia, que condenamos sem concessões nosso próprio passado em função de uma certeza que nos parece natural, universalmente humana. Nesses assuntos, o universalmente humano estaria mais inclinado para a crença na bruxaria...

M. T.: Continuando meu resumo. O cristianismo desfere então de fato, conforme a acusação dos seus adversários, um golpe fatal contra as culturas particulares que, efetivamente, vemos desaparecer todos os dias. Mas, para o senhor, trata-se de uma atuação positiva. O cristianismo convence todas as culturas da mentira e inaugura o processo de unificação da humanidade. Com a libertação dos países do Leste, deu-se aí um belo salto de uma só tacada.

R. G.: Temos o direito de ficar espantados porque, se a longo prazo o processo é irreprimível, suas modalidades são variadas e incertas. No dia em que se estudará a possível influência do indivíduo sobre a História, um capítulo terá de ser dedicado a Gorbatchev!...

M. T.: No caso dele, cabe, aliás, perguntar se Gorbatchev agiu consciente ou inconscientemente, porque se tem a impressão de que os acontecimentos também o transformaram bastante, sem que ele percebesse...

R. G.: Eu não considero o desaparecimento das culturas uma contribuição positiva. Prefiro, por outro lado, apostar no indivíduo e conceder a Gorbatchev uma boa dose de vontade consciente. Se no lugar dele estivesse outro Brejnev, a coisa podia durar mais cinquenta anos... Os universos totalitários têm uma expectativa de vida extremamente precária, todos entendem que as vítimas sobre as quais eles se sustentam são inocentes: ao passo que, nos "verdadeiros" mitos, nas sociedades pré-cristãs, ninguém se dá conta disso.

M. T.: A aceleração da integração mundial parece lhe dar razão. Seria possível até dizer que só resta um regime viável: a democracia...

R. G.: Há séculos os homens aspiravam unicamente a expandir seu horizonte e, hoje, muito embora o universal flua na menor parcela de novidade e não haja mais senão fenômenos globais, nossos intelectuais se fazem de desinteressados. Eles garantem que "só se pode encontrar o sentido de modo localizado, em pequenos recortes da realidade, etc.". Deixando de lado todo e qualquer juízo de valor, sustentar que a história não tem sentido no momento exato em que esse sentido salta aos olhos, sem sombra de dúvida, é um paradoxo e tanto! As ideologias morreram. Sobrou essa tremenda diferença do nosso universo com todos os que o precederam: *hoje, as vítimas têm direitos*. Se o senhor pudesse encontrar operários gregos ou romanos e tentasse fazê-los ver que as vítimas têm direitos, isso nem sequer os faria rir! Eles nem entenderiam! Em qualquer outro universo anterior ao nosso algo assim seria inconcebível! Ao passo que hoje essa linguagem não é contestada por ninguém. Por toda a parte se repete que não há mais "valores" absolutos, imutáveis, que se impõem aos homens vivos: e isso mesmo não é um valor? O gênio de Nietzsche lhe possibilitou identificar esse valor como sendo o que definia a nossa época, mas ele fez de tudo para combatê-lo! Nietzsche só enxergava na atitude cristã ressentimento, choradeiras sem fim, piedade medíocre: com certeza era de certa forma verdade já naquela época, e mais ainda nos dias de hoje; mas não é verdade nem lá na origem, nem em profundidade: ele confundiu a caricatura com o original! As pessoas que atualmente se assumem como seus seguidores falam de todos os Nietzsches, exceto deste aí: este aí é o autêntico, o único pensador do nazismo! O que se quer, é esquecer que Nietzsche e o nazismo estão indissoluvelmente ligados.

M. T.: A integração mundial traz também problemas terríveis. Os recentes acordos do Gatt criam um mercado planetário no qual parece difícil impedir os países pobres de tirar o trabalho dos nossos operários mais bem pagos que os deles?

R. G.: Os mesmos intelectuais que se enfurecem contra o egoísmo dos países ricos, a ajuda insuficiente aos países subdesenvolvidos, etc., acham ruim a única solução verdadeiramente positiva, o progresso que esses povos alcançam por seus próprios meios, por terem bom pulso.

Se existe algo de bom no capitalismo, é exatamente isso. Os negócios se deslocam em direção aos países onde a mão de obra é barata. Mas isso é exploração, é o que vão me dizer. Sem dúvida, mas resulta nas únicas melhorias do nível de vida que são efetivas, de preferência há um punhado de Mercedes a mais nas garagens dos donos do poder locais.

Para impedir a exploração dos pobres, seria então preciso tirar o pão da boca deles e fechar as nossas fronteiras? Graças a essa excelente solução poderemos seguir fazendo belos discursos marxistas e ao mesmo tempo defendendo nossos privilégios sem ter de confessar a nós mesmos que é esse o nosso objetivo verdadeiro...

M. T.: Um dos maiores paradoxos da sua tese, e que voltaremos a discutir, é que a bem da verdade o senhor não pode garantir que estejamos indo de fato rumo a uma felicidade maior, rumo ao reinado do amor e não em direção à catástrofe final...

R. G.: Os Evangelhos não predizem de maneira alguma que a humanidade vá escolher o reinado do amor. Cada vez que chega a uma grande encruzilhada, a humanidade poderia tomar a via reta, que não comportaria sofrimento algum. Hoje, por exemplo, se poderia optar por destruir todas as bombas atômicas e alimentar todos os famintos. Na teoria é algo cogitável e na prática é perfeitamente viável. Bastaria que alguns homens metamorfoseados o decidissem nos países mais potentes. Bastaria que o processo deslanchasse bem para que, *por mimetismo*, a reação em cadeia engrenasse e se propagasse. Mas há muito mais chance de que o mimetismo aja na direção errada. A lei cotidiana do homem é a violência.

Apocalipse significa *Revelação*, é a mesma palavra: daí a pensar que a Revelação poderia desembocar no que chamamos hoje corriqueiramente de "apocalipse"... A destruição dos mecanismos sacrificiais, num mundo em que a ciência existe, em que os poderes do homem aumentam a cada dia, pode acarretar o fracasso supremo da sua aventura. Sem sombra de dúvida, os textos sagrados judaico-cristãos podem ser lidos assim. Mas não cabe a nós fazer profecias. O que o senhor está me pedindo, no fundo, é um juízo de valor: será que o mundo está melhor em razão dessa Revelação a caminho? Acho que ele está ao mesmo tempo melhor e pior...

M. T.: Ah, não esperava ouvi-lo dizer uma coisa dessas!

R. G.: Cuidado para não achar que meu pensamento é utópico! "O Reino de Deus não é deste mundo." Não se deve, portanto, cair no excesso contrário. Sempre se ouve dizer que o nosso século é o pior, já que ele fez mais vítimas do que todos os outros juntos. Isso é com certeza verdade do ponto de vista quantitativo, mas há mais homens sobre a Terra do que jamais houve em todo o restante acumulado da história. E é verdade também que o nosso universo protege e salva mais vítimas do que qualquer outro. As duas coisas são verdadeiras ao mesmo tempo, existe mais bem e mais mal do que jamais existiu...

M. T.: Mas o senhor há de convir, no seu íntimo, que isso não é equivalente?

R. G.: Não cabe a nós pesar o bem e o mal. Se for a história que estamos nos esforçando em pensar, é preciso tomar cuidado para não supervalorizar o evento do momento. O que se passa hoje na Europa Oriental nos impressiona bastante: esse renascimento inquietante de uma espécie de tribalismo, dos pequenos nacionalismos, que coincide com a destruição de uma ideologia que se apresenta como universalista. Mas isso não deve ser para nós um mascaramento do verdadeiro sentido da evolução que se faz sempre em direção ao *global* para o qual não dispomos nem de palavra nem de conceito apropriado: o fracasso das nossas visões do mundo nos impede de apreender nele um universal.

M. T.: Bem, vamos considerar que o nosso leitor já esteja suficientemente intrigado por esta primeira visão panorâmica e curioso para conhecer melhor seu pensamento – então vamos retomá-lo a partir de uma ordenação mais metódica.

capítulo 2
o desejo mimético: antes Shakespeare que Platão

M. T.: No princípio da sua tese a palavra-chave era "mimético". Repita-nos como devemos entendê-la.

R. G.: As relações humanas estão sujeitas a conflitos: quer se fale de casamento, de amizade, de relações profissionais, de questões de vizinhança ou de coesão nacional, as relações humanas estão sempre ameaçadas.

M. T.: Ameaçadas pelo quê, por quem?

R. G.: Pela identidade dos desejos. Os homens se influenciam uns aos outros e, quando estão juntos, têm tendência a desejar as mesmas coisas, não em razão de sua raridade, principalmente, mas porque, ao contrário do que pensa a maioria dos filósofos, a imitação incide também sobre os desejos. O homem procura fazer de si um ser essencialmente fundamentado no desejo de seu semelhante.

M. T.: Ele não consegue desejar no absoluto, ele deseja na imitação? Só se existe por meio do outro? Não há um eu autônomo?

R. G.: Na época de *Mentira Romântica e Verdade Romanesca* (1961), sob a influência de Stendhal, eu opunha um "desejo espontâneo" ao desejo mimético. Mas adquiri o hábito de reservar a palavra "desejo" para tratar de apetites, necessidades, as várias apropriações que são atravessadas e regidas pelo mimetismo. Os fenômenos miméticos me interessam não somente por que estão presentes por trás de uma boa quantidade de fenômenos que parecem alheios a eles, mas também por que, ao utilizá-los, consegue-se pensar em gênese, em estruturação e desestruturação de modo muito eficaz. Eis por que eu insisto muitíssimo neles. Mas não digo que eles excluam qualquer outro tipo de explicação. Acredito, por exemplo, no amor dos pais pelos filhos, e não vejo possibilidade de interpretar isso de forma mimética. Acredito que o prazer sexual é possível dentro do respeito pelo outro – e talvez não haja satisfação verdadeira senão nesse caso, quando a sombra dos rivais desertou o leito dos apaixonados: aliás, é por isso que casos assim são tão raros!

Não digo que não exista um eu autônomo. Digo que as possibilidades do eu autônomo, de certo modo, ficam quase sempre encobertas pelo desejo mimético e por um falso individualismo, cuja fome por diferença tem, pelo contrário, efeitos niveladores.

M. T.: Todo desejo é religioso? Até meu desejo pela minha linda vizinha?

R. G.: Todo desejo é desejo de ser.

M. T.: Por que o senhor disse há pouco que, "ao contrário do que pensa a maioria dos filósofos, a imitação incide também sobre os desejos"?

R. G.: Em Platão, o real não passa de uma imitação de longínquas "ideias", tudo está sujeito à imitação, exceto os comportamentos adquiridos. Na verdade, se examinarmos a sua obra de perto, *A República,* em particular, notaremos que Platão é obcecado pelo conflito entre pessoas próximas que desejam a mesma coisa e que de uma hora para a outra se tornam rivais – o conflito de que eu trato e que encontrei nos romancistas ou nos dramaturgos –, mas ele não o conceitualiza.

Ora, se as relações humanas ficam ameaçadas pelas rivalidades, isso deve ter repercussões na organização dos grupos humanos. Temos a tendência de pensar as sociedades a partir do seu estado normal, no seu funcionamento cotidiano tal como é descrito por gente bem tranquila que não pensa em violência. Um dos maiores fundadores da ciência política foi Hobbes, que soube pensar partindo da crise, até certo ponto. E ele ainda não foi completamente perdoado por ter feito isso. Por minha vez, eu disse a mim mesmo: se há uma ordem normal nas sociedades, ela deve ser fruto de uma crise anterior, ela deve ser a resolução dessa crise. É esta última então que se deve procurar e investigar. Se os conflitos miméticos são contagiosos, quer dizer, se há dois indivíduos desejando a mesma coisa, logo haverá um terceiro. Assim que houver três, quatro, cinco, seis, o processo cresce como uma bola de neve e todo mundo se põe a desejar a mesma coisa. O conflito começa pelo objeto. Mas ele acaba ficando tão intenso que resulta na destruição ou no desaparecimento do objeto, transferindo-se para a esfera dos antagonistas que se tornaram obcecados uns pelos outros, fora de qualquer desejo real. À contaminação dos desejos segue-se a dos antagonistas.

M. T.: Ainda uma palavrinha sobre esse objeto que já desapareceu. O que ele é, lá bem no início? Comida?

R. G.: A comida, o território, a mulher. Vê-se perfeitamente, ao estudar as sociedades primitivas, que esses três objetos essenciais sobressaem...

M. T.: Opa, vamos nos manter politicamente corretos! Quando o senhor diz "a mulher" é porque fala do objeto do desejo sexual... O senhor poderia ter citado o homem como objeto de rivalidade entre as mulheres?

R. G.: Claro! Mas com uma ressalva, que é [o fato de] que nas sociedades primitivas são efetivamente os homens que disputam as mulheres entre si porque eles detêm a força e a iniciativa sexual.

Vamos acrescentar uma palavrinha também sobre o que eu chamo de mediação dupla, para entender melhor o aquecimento da crise. Esse seu desejo que eu vou imitar talvez a princípio fosse insignificante, talvez sua intensidade não fosse muito grande. Mas, quando me volto em direção ao mesmo objeto que o senhor, a intensidade do seu desejo aumenta. O senhor vai então se tornar o meu imitador, tal como eu sou o seu. O essencial é esse processo de *feedback* que faz com que todo par de desejos possa se transformar numa espécie de máquina infernal. Ela produz sempre mais desejo, sempre mais reciprocidade e, em decorrência disso, sempre mais violência.

M. T.: Antes de voltar à consequência de tudo isso para a formação das sociedades, vamos nos deter um pouco nos indivíduos, já que o senhor citou os romancistas e os dramaturgos: esse mesmo mecanismo do qual o senhor diz decorrerem todas as religiões e todos os regimes políticos, a história e a pré-história, é também simplesmente aquele com o qual cada um de nós se atraca a todo momento da vida cotidiana, são os problemas de ciúme, de triângulo (ou de polígono) amoroso? E foi esse o caminho que o senhor trilhou antes de chegar às considerações mais gerais pelas quais começamos?

R. G.: É isso, é isso. Eu tinha primeiro constatado que uma geometria semelhante governava as relações humanas em escritores que retratavam, entretanto, universos diferentes, como Stendhal e Proust. Depois, encontrei as mesmas forças operando em Cervantes e Shakespeare, Molière, Marivaux, Dostoiévski, Joyce, etc. Isso para não mencionar casos ainda mais evidentes, como *Carmen*, sobre os quais se costuma lançar o véu hipócrita do "mau gosto": "Se não me amas, eu te amo! Se te amo, toma cuidado!".[1] É óbvio demais! No final, o contraponto entre a corrida de touros e a morte da vítima fica fácil, claro, mas também é magnífico. Quando obras assim fazem tamanho sucesso, é por razões profundas.

Tente se perguntar também por que essa obra grandiosa sobre o desejo e os conflitos que se chama *O Anel do Nibelungo* começa por uma grotesca comédia no estilo do preciosismo *à la* Marivaux... Por provocações sedutoras das três filhas do Reno? Esse início é propriamente visionário, é Marivaux, mas também é Shakespeare! O ouro

---

[1] Referência à ópera *Carmen*, de Georges Bizet, estreada em 1875, em Paris. Os versos citados do libreto são: "*Si tu ne m'aimes pas, je t'aime! Si je t'aime, prends garde à toi!*". (N. T.)

não é *nada*, visivelmente, já que é o raio de Sol que, ao refletir nele, transfigura-o. E, entretanto, o ouro é *tudo*, já que é aquilo pelo que se briga; é o fato de brigar por ele que lhe confere valor e terror.

Pouco a pouco me veio a certeza de que a pista psicanalítica não ia longe o bastante. O falso "radicalismo" de Freud parou de me impressionar e entendi que aquilo que os críticos sempre trataram com desdém nas obras romanescas – as reincidências da fascinação e do ciúme, as manipulações recíprocas, as mentiras para os outros ou para si mesmo, etc. Tudo o que eles qualificam, com um gesto de pouco caso, de "psicologia literária", de "armações para conquistas amorosas", tudo que enoja o estetismo refinado por ter um caráter repetitivo, são as manobras fundamentais e as astúcias do desejo mimético: o que Proust chama acertadamente de "leis psicológicas".

Somente os grandes escritores têm êxito na pintura desses mecanismos, sem deturpá-la em benefício do seu eu: estamos aí diante de um sistema de relações que, paradoxalmente, ou melhor, nem um pouco paradoxalmente, varia tanto menos quanto melhores forem os escritores. Assim, a "psicologia" é mesmo uma questão de leis e os estetas não querem saber disso, pois só lhes agrada o singular, o supremamente original ou, atualmente, "as diferenças" que são a mesma coisa democratizada. A estética de hoje permanece prisioneira das concepções românticas.

M. T.: Hoje em dia o senhor cita de preferência Shakespeare, sobre quem escreveu um livro.

R. G.: As primeiras obras de Shakespeare são assombradas por uma intuição: a amizade e o ódio andam lado a lado, os melhores amigos são os mais ameaçados por uma inimizade ferrenha. Tome os dois fidalgos de Verona: sempre viveram juntos, imitam-se em tudo, gostam-se, adoram-se, não podem abrir mão um do outro; e de repente surge, fulminante, a rivalidade amorosa... mera variante dessa mesma imitação. Creio que todos os otimistas exagerados, no que diz respeito ao homem, escondem de si mesmos o seguinte: "há nas relações humanas um princípio de conflito que não se pode resolver racionalmente". Ideia alguma, recordação alguma do passado distante pode sanar o conflito de dois rivais enamorados, ou de dois rivais ambiciosos.

A minha "bíblia" do desejo mimético é *Troilo e Créssida*, mas descobri Shakespeare primeiro através de *Sonho de uma Noite de Verão*. Do ponto de vista literário, é a melhor recordação da minha vida. Primeiro vi a peça na televisão. Não a entendi inteiramente porque não a tinha lido. Mas estava pronto para ler: tinha desenvolvido toda a tese do desejo mimético e subitamente a reencontrava em Shakespeare, em sua forma mais completa, com prolongamentos antropológicos em linha direta. O *Sonho* é primeiramente uma soma do desejo, que envolve quatro amantes, mas não vai até a destruição violenta da sociedade. Em algumas páginas, passamos das rivalidades mais ridículas – apaixonados quaisquer, sem personalidade, que namoram e se imitam uns aos outros – à fabricação de monstros mitológicos. O *Sonho* fazia por mim a averiguação da verdade do caminho que tinha me levado de Marivaux ao sacrifício, e isso numa linguagem magnífica, com uma poesia incomparável. Encontram-se ali definições literais do desejo mimético, fórmulas como: "*O hell! To choose love by another's eye!*" [Pode-se traduzir o verso assim: "Que inferno é escolher o seu amor, ou seja, definir o seu desejo pelos olhos de outro!"].

Depois, em *Troilo e Créssida*, eis o que colhi: "*It's mad idolatry when the service is greater than the god*" ["É idolatria insana quando o serviço é maior que o deus"]. A idolatria é a fascinação que exerce sobre nós um ser humano que não merece tamanha honra. É a guerra, é a rivalidade mimética que aumenta loucamente o valor de Helena e a transforma em um ídolo aos olhos dos gregos tanto quanto dos troianos.

M. T.: Entende-se melhor a resistência de certos universitários diante das ramificações da sua hipótese: o senhor não apenas os traz de volta às igrejas, onde eles já não punham os pés havia tempos, mas também vem falar de sexo no meio daqueles salões, com pessoas tão educadas...

R. G.: Joyce narra uma cena desse tipo em *Ulisses*. Stephen Dedalus (que é uma réplica de Joyce) dá uma bela conferência sobre Shakespeare nas obras de quem ele descobre, a meu ver, os mecanismos do mimetismo. E então um crítico se levanta e diz: "*You took us all this way to show us a French triangle?*"; quer dizer, mais ou menos: "Toda essa conversa fiada para rebaixar Shakespeare ao nível de um triângulo amoroso, um triângulo de *vaudeville*?". E esse oponente acrescenta: "*Do you believe your own theory?*" ["O senhor acredita mesmo na sua teoria?"]. Dedalus, petrificado, responde: "Não, não acredito". Até hoje os críticos acham estar aqui diante da confissão de que todo esse Shakespeare mimético é uma zombaria sem qualquer vínculo com a verdade. Mas, dez linhas adiante, Dedalus murmura: "*I believe, o Lord, help my unbelief!*". É uma frase dos Evangelhos, uma fala do paralítico curado, que significa: "Eu creio, Senhor, ajuda minha descrença!" ("fortalece meu desejo de crer", de crer em Deus, para o paralítico, de crer em si, em seu Eu divinizado no caso de Dedalus-Joyce). Assim que Dedalus fica sozinho, sua teoria renasce, sua teologia do Eu ressurge. Mas na hora, no meio do grupo, ele fica mimeticamente esmagado... E depois há frases extraordinárias: "*Who helps to believe?*" ["Quem nos ajuda a crer?"] "*Egomen*" ["O eu"]. "*Who to unbelieve?*" ["Quem nos impede de crer?"] "*Other chap*" ["O outro"]. Está tudo aí, em três linhas. Como querer que os leitores apressados entendam Joyce? Para mim, foi preciso um ano e meio até penetrar no sentido desse texto. E esse *French triangle!*... A quantidade de gente que me disse na América: "O desejo mimético é interessante, mas funciona para a literatura francesa, é uma coisa de francês!". A mesma experiência, pelo visto, aconteceu com Joyce.

M. T.: Joyce fala de si próprio por intermédio de Dedalus e de Shakespeare?

R. G.: Ele se queixa indiretamente nesse texto de ter sido mandado embora da Irlanda pela incompreensão com que era tratado no seu meio intelectual.

M. T.: O senhor chegou até a dizer que Joyce tinha de não ser compreendido para provar que estava com a razão?

R. G.: O texto retrata a incompreensão, e essa incompreensão se reflete, como num espelho, na crítica de hoje. Assim, para compreender o texto, é preciso compreendê-lo dentro desse contexto de incompreensão deliberadamente perpetuada pelo próprio Joyce! Isso faz parte, primeiramente, da conferência, da leitura de Shakespeare que é proposta: para entender o Shakespeare mimético, é necessário ser tão mimético quanto ele. Mas esse texto sobre Shakespeare segue o princípio das bonecas russas aplicado a *Ulisses*, ao romance na sua íntegra. Joyce está dizendo aos seus críticos: "Vocês todos são cegos, vocês não entendem Shakespeare. Quanto a mim, sou tão mimético quanto ele, partilho sua doença e partilho sua genialidade". Ele procura criar uma cumplicidade mais ou menos clandestina entre Shakespeare e si mesmo. É bem extraordinário!

Um dos ouvintes presentes diz ainda com desprezo a Dedalus: "O senhor faz crítica inferior, do tipo biográfico?"; e cita Villiers de l'Isle-Adam, que disse: "Deixemos a existência vivida aos serviçais e falemos só de literatura". A falsa vanguarda conduz à desrealização da literatura; ao passo que Joyce, pelo contrário, diz nas entrelinhas: "Ulisses é a minha experiência, é a minha vida". Joyce não dá a menor importância aos valores literários vanguardistas que se atribui a ele. De fato, em suas cartas a Nora, encontra-se *O Eterno Marido* de Dostoiévski por inteiro: um modelo de literatura mimética! Ele dá mostras de um ciúme obsessivo em relação a um sujeito que outrora cortejara Nora (antes dele próprio, Joyce) e que falecera por motivo de doença.

É essa morte que exacerba ao máximo a competição com o rival, na medida em que este último, daí por diante, ficou invulnerável; é uma situação de *O Eterno Marido*.

O cúmulo é que Joyce não tem a menor consciência de estar repetindo, tanto na sua obra quanto na sua vida, a obra e a vida (a correspondência) de Dostoiévski. O que ele vê no caso de Shakespeare, não vê no de Dostoiévski.

M. T.: Deixo nossos leitores imaginarem sozinhos os ecos pessoais que René Girard – que revelou esse Joyce e que escreveu ele mesmo um livro sobre Shakespeare – pode ouvir ressoar nessa análise... Para retornar aos filósofos, os romancistas são então bem mais profundos do que eles?

R. G.: Não estou falando mal dos filósofos... ou pelo menos não muito! No caso específico de Platão, há algo de respeitável em sua vontade de não querer abrir a ferida mimética: ele parece ter medo de piorar a inflamação só de tocar no assunto. Numa época em que o cristianismo não estava presente, dizer "as ideias não têm de modo algum a importância que vocês lhes atribuem no principal conflito que aflige os homens" só podia resultar numa forma de cinismo, de niilismo até; posso entender os escrúpulos dele...

M. T.: O senhor me lembra Dante salvando Virgílio e alguns outros do Inferno, "porque, nascidos antes de Cristo, não podiam saber...".

R. G.: De fato, eu não sou tão indulgente com filósofos modernos como Nietzsche ou Heidegger. Mas talvez eu esteja errado. Não condeno ninguém. Tudo o que digo tem um caráter exploratório e *tentative*, como se diz em inglês...

capítulo 3
a crise mimética, os mundos sacrificiais

M. T.: Vamos retomar agora a questão da formação das sociedades. Estávamos no ponto em que a aceleração da crise mimética chega a uma "contaminação dos antagonismos".

R. G.: Por desejar a mesma coisa, todos os membros do grupo se tornaram antagonistas, aos pares, aos triângulos, aos polígonos, tudo quanto queira imaginar. A contaminação significa que alguns vão largar seu antagonista pessoal para "escolher" o do vizinho. Vemos isso todos os dias, quando, por exemplo, descarregamos nos políticos o ódio que sentimos pelos nossos inimigos privados sem nos atrever a aliviá-lo contra eles próprios. É assim que surgem os bodes expiatórios parciais, cuja quantidade vai sendo progressivamente reduzida pelo mesmo fenômeno de concentração e cuja carga simbólica vai aumentando...

M. T.: A crise vai ficando cada vez mais insuportável, não dá para continuar a viver assim, é preciso achar uma solução...

R. G.: Não gosto muito dessa sua formulação: "É preciso achar uma solução". Ela dá a entender que a descoberta do bode expiatório depende da vontade. É o que dizem muitos resumos um pouco enganosos da minha tese. Nas sociedades primitivas, o processo não atinge a consciência a não ser sob a forma do sagrado. Mesmo entre nós, ele é, sobretudo, inconsciente.

M. T.: Prefere-se acreditar que um só é culpado de tudo...

R. G.: "Prefere-se", pensa-se realmente que o bode expiatório é culpado. Seu mimetismo leva "com toda a naturalidade" os homens a pensar assim.

M. T.: É muito interessante, isso "faz eco" com muitas outras correntes inovadoras no pensamento de última geração, que enfrentam os fenômenos complexos, "a sensibilidade para com as condições iniciais", as consequências enormes e imprevisíveis de eventos microscópicos, os "atratores estranhos", os "fractais", a indeterminação global de fenômenos todavia regidos localmente por equações deterministas, etc. A aglutinação das tensões em torno de bodes expiatórios cada vez menos parciais já lembra o aparecimento de turbilhões em meios compósitos. Ademais, vê-se agora em ação, na "designação" da vítima coletiva, esse famoso acaso que dá tanto trabalho aos físicos, paleontólogos, etc. Adivinha-se também que a questão da democracia não deve estar longe...

R. G.: É a ordem nascendo da desordem, a grande atração do espetáculo na epistemologia de hoje! Não há mais inimigo, não há mais vingança já que, pelo bode expiatório, levou-se à morte o inimigo absoluto. Se essa reconciliação for forte o bastante, se a infelicidade que a precedeu, se o sofrimento tiverem sido grandes o bastante, o impacto vai ser tamanho que a comunidade fará perguntas sobre essa sua grande sorte. Ela é modesta demais para atribuir os méritos dessa sorte a si mesma. A experiência lhe mostrou que ela é incapaz de superar por seus próprios meios a situação dividida, incapaz de dar um jeito sozinha nas rachaduras do seu *contrato social*, por assim dizer. Ela vai então novamente se voltar para o seu bode expiatório. Vai torná-lo ele próprio responsável pela sua eficácia como bode expiatório. À ideia de que ele pode destruir a comunidade vem se acrescentar dali por diante a de que ele pode reconstruí-la. É a invenção do *sagrado* que a velha etnologia entendera que existe em todas as culturas.

A sacralização faz da vítima o modelo de uma imitação e de uma contraimitação propriamente religiosas. Pede-se à vítima para ajudar a comunidade a proteger sua reconciliação, a não tornar a cair na crise de rivalidades. Toma-se assim muito cuidado para não imitar essa vítima em tudo o que fez ou pareceu fazer para suscitar a crise: os antagonistas em potencial se evitam e se separam uns dos outros. Forçam-se a não desejar os mesmos objetos. Tomam medidas para evitar a mesma contaminação mimética geral: o grupo se divide, separa os seus membros pelos *interditos*.

Quando a crise parece estar ameaçando novamente, recorre-se aos meios drásticos e imita-se o que a vítima fez aparentemente para salvar a comunidade. Ela aceitou deixar-se matar. Escolhe-se então uma vítima que a substituirá e morrerá no seu lugar, uma vítima *sacrificial*: é a invenção do *rito*. Finalmente, haverá a lembrança dessa visitação sagrada: isso se chama *mito*. Os monstros mitológicos testemunham a desordem cujo vestígio é conservado nesses relatos, das perturbações da representação no momento da crise mimética.

Pelo sacrifício, refaz-se o mito. Para fazer com que o mecanismo do bode expiatório funcione de novo e restabeleça uma vez mais a unidade da comunidade, toma-se muito cuidado para copiar com grande exatidão a sequência original. Começa-se, então, por mergulhar deliberadamente numa imitação da crise mimética.

Os etnólogos nunca entenderam por que, em seus ritos, tantas comunidades desencadeiam voluntariamente o tipo de crise que elas mais temem. É para chegar mais rápido à imolação da vítima, pois se pensa que ela vai trazer de volta uma vez mais a ordem e a paz.

Assim que se entende isso, percebe-se que os mitos fundadores dizem respeito à violência fundadora também. Eles a contam de verdade. Se os etnólogos nunca identificam o bode expiatório, é porque o processo é representado por perseguidores que são verdadeiramente seu joguete, perseguidores convencidos de que sua violência tem fundamento, de que sua vítima é culpada.

Por mais que muitos etnólogos, classicistas e teólogos abram bem os olhos, pelo que dizem, eles não enxergam bodes expiatórios nos mitos. Eles não entendem o que eu digo. Eles não se dão conta de que, para mim, o bode expiatório não é um tema, mas uma fonte de ilusão que gera um texto essencialmente enganoso. Por definição, uma ilusão não pode aparecer como tal num texto gerado por ela. Em Édipo eles não reconhecem o bode expiatório que deveriam reconhecer...

M. T.: Eu ia lhe pedir para nos propor uma demonstração concreta com um mito que todo mundo conhecesse... Lembremos apesar de tudo de que a cena se passa em Tebas, da qual afastaram o jovem Édipo, filho do rei Laio e da rainha Jocasta, porque o oráculo predissera que ele mataria o pai e desposaria a mãe. Mas Édipo, milagrosamente salvo na infância e tendo atingido a idade adulta, mata por acaso um passante sem saber que se tratava do seu pai e, por ter conseguido responder aos enigmas da Esfinge, obtém em recompensa a mão da rainha... Ele descobre todo o horror do seu destino quando a peste começa a assolar Tebas, fura os próprios olhos e, expulso pelos filhos, parte pelas estradas da Ática guiado pela filha Antígona...

No fim das contas, mesmo que tenha sido involuntariamente e sem sabê-lo, Édipo efetivamente matou o pai e amou a mãe? E haveria alguma relação entre o seu destino e a peste?

R. G.: Fico contente com essa objeção, pois esse é o equívoco número um sobre a natureza da minha tese. Acham que eu interpreto os temas tais como se apresentam, não notam o radicalismo extremo do que faço. Eu não hesito em contradizer o texto, assim como contestamos os caçadores de bruxas quando nos garantem que suas vítimas são realmente culpadas. Temos que contestar o mito do mesmo modo que contestamos os julgamentos de bruxas. Temos que mostrar que, por trás dos mitos, não há nem imaginário puro nem acontecimento puro, mas um relatório falseado pela própria eficácia do mecanismo vitimário, mecanismo que ele nos narra com toda a sinceridade mas que fica necessariamente transfigurado pelos contadores, que são os perseguidores.

O tema do indivíduo que dá a peste à sua comunidade porque cometeu parricídio e incesto, será que não o deixa meio perturbado, será que não desperta certa desconfiança? Será que o senhor acredita que esse tema seja verdade, ou será que acha, pelo contrário, que é invenção? Nem uma coisa nem outra, na minha opinião. É uma acusação típica de linchamento coletivo em época de crise, em época de peste. Ela não pode aparecer de modo diferente do que aparece no mito, já que emana dos perseguidores unânimes e não da vítima.

Teríamos de imediato alguma certeza a respeito se o texto do mito nos fosse apresentado num contexto ocidental e histórico, um contexto medieval, por exemplo. Estamos tratando com uma comunidade lançada na caça ao bode expiatório pela sua situação de pânico e que se polarizou mimeticamente sobre o cidadão mais prestigiado e mais invejado de todos. Não há nada mais "normal", em certo sentido, do que transformar um rei em bode expiatório.

É necessário desistir sem hesitação de querer respeitar o texto do mito. A grande quantidade de mitos que reproduzem a mesma estrutura a partir de acusações diferentes, mas análogas, torna a leitura mimética quase tão evidente quanto a realidade e a injustiça da caça às bruxas do século XV. Mais dia, menos dia, o senhor o verá, mas eu não o verei, e entenderá que eu tenho razão...

Para apreender esse tipo de mito, é preciso se perguntar como reagiriam linchadores em pânico se, depois do seu linchamento arbitrário, o senhor os interrogasse sobre o que tivessem acabado de fazer. Eles descreveriam não a violência arbitrária a que se entregaram, não a verdade da sua ação, mas o mito tal como chegou até nós ou uma variante da mesma mentira. Diriam ao senhor que expulsaram da cidade um indivíduo que cometera realmente os crimes fantásticos dos quais ele era acusado. Diriam que era o rei que lhes trouxera a peste, porque havia realmente matado o pai e se deitado com a mãe.

Nas regiões do globo onde os fenômenos de massa permanecem violentos, reinventam-se cotidianamente mitos análogos ao de Édipo. Foi exatamente o que tinha entendido o maior romancista do sul dos Estados Unidos, William Faulkner.

Édipo é bode expiatório em *Édipo Rei*, e, como todo bom bode expiatório arcaico, ele se transforma numa espécie de divindade. A outra peça edipiana de Sófocles, *Édipo em Colônia*, é dedicada a esse Édipo divinizado. É o gesto humano por excelência, esse de fazer deuses expulsando-os e, com maior frequência, matando-os...

M. T.: Resta um estágio que nós ainda não abordamos: quando a vítima já está consagrada antes de ser morta.

R. G.: É um estágio já ritual, para além da morte fundadora. É o nascimento da realeza. A imitação ritual pode resultar no sacrifício propriamente dito ou no que chamamos de realeza.

M. T.: O senhor chega até mesmo a dizer: "A realeza é a vítima que toma o poder".

R. G.: É um modo de falar, obviamente, mas muitas são as sociedades onde é afinal um rei que se sacrifica. Quanto a dizer como isso ocorre nos mínimos detalhes, como certos sistemas resvalam para o lado do rei, atribuem a si mesmos um poder central sagrado, e como outros conservam sempre instituições duais, isso é algo impossível de se fazer; é o jogo imprevisível das pequenas flutuações desordenadas de que o senhor falava havia pouco, e do qual, contudo, vai surgir uma ordem...

M. T.: Ouvindo-o descrever essas crises miméticas, é impossível não voltar a fazer as seguintes perguntas: Será que o que ele está me falando é verdade? Será que isso aconteceu de fato, concretamente, ou será que são lindas histórias? Será que é apenas um modo de ver?

R. G.: Acredito que seja mais que um modo de ver, mas as crises reais, em geral, não devem ter a nitidez das crises representadas pelos trágicos gregos ou pelos ritos que precederam o teatro. O que é verdadeiro é a vítima real. Acho que não se pode dizer mais nada. Mas não perca de vista a eficiência dessa hipótese da crise mimética, seu poder explicativo...

M. T.: Eu não esqueço os inúmeros ecos que ouço reverberar das demais disciplinas... Há algum sentido em tentar situar historicamente esses eventos: no paleolítico, no neolítico?

R. G.: Pode-se imaginar a hominização se estendendo por centenas de milhares ou por milhões de anos. O que faz a especificidade do homem é a "simbolicidade": isto é, a capacidade de dispor de um sistema de pensamento que permite transmitir uma cultura de geração para geração. E isso só pode começar com a vítima e o sacrifício. Mais exatamente, para além desses, com os interditos de um lado, e a imitação ritual do outro.

M. T.: Um conjunto de ritos ligados a uma língua determina um "sistema de representação", uma visão do mundo, e forma uma cultura...

R. G.: Uma certa especialização e uma diferenciação das funções se elaboram espontaneamente graças às inúmeras repetições sacrificiais do assassinato fundador. Certos sacrifícios anunciam os ritos de iniciação; outros, os dos funerais; outros, os do casamento... Tem-se forçosamente tendência a ler essa ligação de maneira invertida, começando pelo fim: acaba parecendo que é a necessidade de haver funerais, de haver educação, etc. que é fecunda e que o religioso vem como um acréscimo. No fundo, há só duas maneiras de encarar o religioso: como algo supérfluo, algo a mais – ou como a origem de tudo.

M. T.: Retomando. Segundo o senhor, então, todas as culturas estão fundamentadas na morte e na mentira: por que não haveria simplesmente um contrato social, um acordo voluntário entre os membros do grupo?

R. G.: Porque as rivalidades miméticas se opõem a isso! Todos os pensadores veem a origem da sociedade numa decisão voluntária, uma decisão que apesar de tudo provém de uma espécie de imposição: da necessidade de entrar em acordo a respeito de certas coisas. No fim das contas, é assim até em Hobbes, que, por não dispor do mecanismo vitimário, tem de concluir desse modo: a violência ameaça, logo os homens ficam obrigados a colaborar. É assim até em Freud, em *Totem e Tabu*: há primeiro o assassinato do pai, em seguida os irmãos entram em conflito e um belo dia decidem ter paz. Então se sentam ao redor de um tapete verde! É essa ideia de um ponto de partida consciente e deliberado que eu contesto. Durkheim provavelmente seja o único a ter pressentido que a sociedade não podia ter deslanchado assim, quando falava da "efervescência" inicial. Mas depois ele se engana e dá como exemplo de efervescência os grandes ritos australianos: é tomar como ponto de partida aquilo que se deve explicar. É por isso que eu coloco a efervescência para aquém do rito e lhe dou por origem a rivalidade mimética sobre a qual se pode constatar que já está presente na esfera animal. A sociedade humana começa a partir do momento em que, em torno da vítima coletiva, criam-se instituições simbólicas, isto é, quando ela se torna sagrada.

Só mesmo sendo universitário e burocrata para achar que tudo sempre começa com uma comissão...

M. T.: Será que se pode dizer que no mundo ainda tribal onde ele nasceu, o cristianismo inventou a alma individual, o sujeito individual ou o indivíduo simplesmente?

R. G.: Acho que o cristianismo levou até o fim a descoberta da pessoa, mas o termo que se deve empregar não tem importância. Essa descoberta e o relaxamento das imposições rituais, a dessacralização do social, são uma mesma e única coisa.

Como todas as inovações cristãs, essa está sujeita a distorções e perversões perigosas. O indivíduo moderno é o que sobra da pessoa depois que as ideologias românticas passaram por ela, é uma idolatria da autossuficiência necessariamente enganosa, um voluntarismo antimimético que provoca de imediato um redobramento do mimetismo, uma submissão mais completa a um coletivo cada vez mais sujeito aos apelos fúteis da moda e, em decorrência, cada vez mais exposto às tentações totalitárias.

capítulo 4
a Bíblia

M. T.: Estamos caminhando rumo a esse grande corte histórico, essa criação da própria história, que a palavra de Cristo, segundo o senhor, vai inaugurar. Mas sem dúvida é preciso primeiro nos deter na Bíblia?

R. G.: Sim. Sente-se que a Bíblia está caminhando rumo à Revelação própria do Novo Testamento.

Nos mitos pagãos mais primitivos, o sacrifício e a morte não procuram se esconder. Eles se expõem ingenuamente, com toda a candura por assim dizer. Eis por que são tão transparentes, por que fica tão fácil adivinhar o sistema do bode expiatório.

Já Platão, por sua vez, de quem falávamos, não parou por aí. Ele olha o mito de Cronos, nota que canalizaram nele toda a violência, que fizeram dele uma espécie de ogro, e diz: "Não se deve contar às criancinhas histórias tão abomináveis; ou é uma brincadeira e deve ser completamente esquecida, ou é verdade e então deve ser relatada a uma elite muito prudente, que saberá como compreender essas coisas; nesse último caso, se tomará a precaução de resguardar a si próprio por um sacrifício importante, o de um cavalo, por exemplo". O que faz Platão? Ele procurou eliminar os últimos vestígios de violência, mas sempre por meios sacrificiais: é Lady Macbeth lavando as mãos, é Pilatos, é o contrário da Revelação. Não é a valorização da verdade, é um novo acobertamento da violência pela violência.

O princípio, o objetivo da filosofia, do humanismo, é esconder o assassinato fundador. Ser cristão é revelá-lo.

Na Bíblia, em contrapartida, se avança rumo à luz. O Levítico já começa com toda uma série de sentenças negativas: "Não serás um divulgador de maledicências a respeito dos teus e não sujeitarás a julgamento o sangue do teu próximo", "Não terás no teu coração ódio pelo teu irmão". E depois, de repente, surge, fulminante, a reviravolta positiva: "Amarás o teu próximo como a ti mesmo".

O que os Evangelhos acrescentam é a descrição de todo o sistema do bode expiatório. A partir da palavra "escândalo" ou a partir da palavra "Satanás", o senhor vê se desenrolar todo o fio da imitação, desde o indivíduo até a coletividade. O relato da Paixão é essencial, pois revela o processo mimético dos assassinatos fundadores.

Mas já existem muitos textos na Bíblia, nos livros históricos inclusive, em Juízes, em que são retomadas narrativas de mitos, numa perspectiva desmistificadora. Mesmo em Gênesis, compare a história de José com o mito de Édipo. Nos dois casos, temos no ponto de partida uma criança que representa uma ameaça para a sua família. O oráculo diz que Édipo matará o pai e dormirá com a mãe, e José tem sonhos onde ele domina os irmãos. Os irmãos se livram de José do mesmo modo como o pai e a mãe se livram de Édipo. Segunda parte: a criança foi salva e, já adulta, comete um crime ou dá a impressão de cometê-lo, violação da senhora Putifar para José, parricídio e incesto no caso de Édipo. Nos dois textos o herói se vê associado a um flagelo social terrível, a seca de um lado, a peste do outro. E a verdadeira pergunta dos dois textos é: será ele culpado? A essa pergunta, o mito pagão sempre dá como resposta: "Sim, Édipo é culpado, sim, ele ameaça o pai e a mãe, sim, ele cometeu o parricídio e o incesto, sim, é ele o responsável pela peste, ele tem de ser castigado". Ao passo que o texto bíblico responde: "Não, são os doze irmãos hipócritas e os egípcios que espalham mentiras a respeito de José, fazendo dele um bode expiatório. José, na verdade, é inocente". Por toda parte onde o mito vê no bode expiatório um "verdadeiro culpado", a história de José vê no bode expiatório um inocente condenado sem razão.

Se o senhor tiver em mente a minha leitura subversiva de Édipo, que identifica no mito um sistema de acusação falsamente legítimo, decerto verá sem dificuldade que a história de José faz o contrário do mito. Da mesma forma como por trás do mito há um mecanismo de bode expiatório que funciona e que não vemos, pois tomamos a culpabilidade de Édipo ao pé da letra, como o senhor mesmo fez, por trás da história de José deve haver não o mito de Édipo exatamente, mas algum mito bem análogo, sistematicamente remanejado e contestado pelo relato bíblico. Essa contradição sistemática joga a favor do acusado. Esse remanejamento tem um grande valor no plano da interpretação do mito, do restabelecimento da verdade violada pelo mecanismo do bode expiatório. A história de José é tipicamente bíblica no sentido de ser uma retificação do que está distorcido em detrimento da vítima.

A última parte do texto confirma minha ideia por revelar explicitamente o papel primordial desempenhado em toda a história pela questão do bode expiatório. Tendo-se tornado grão-vizir do Egito, José provê de víveres os seus irmãos famintos que vieram lhe solicitar auxílio e que não o reconheceram sob os seus belos trajes egípcios. Para pô-los à prova, para verificar se, uma vez mais, eles expulsarão um dos seus irmãos como haviam expulsado a ele próprio, José arruma um jeito de fazer uma falsa acusação contra o mais novo, Benjamin: mantém este prisioneiro e concede a todos os mais velhos permissão para partir. Todos eles resolvem ir embora, com exceção de Judá, que se oferece como prisioneiro em lugar de Benjamin.

O fato de que apenas Judá tenha recusado o sistema do bode expiatório basta para comover José, que se dá a conhecer aos irmãos e perdoa a todos.

Quando os cristãos percebem em José e, sobretudo, em Judá uma figura de Cristo, *figura Christi*, eles não se mostram os tolos que veem neles os semi-hábeis representantes da crítica pseudocientífica. Há mesmo uma estreita relação entre a atitude de Cristo e o gesto de Judá aceitando ser um bode expiatório a fim de que seu irmão não o seja.

M. T.: "Mais uma!", como se diz nos concertos...

R. G.: Pode-se citar também a história de Jó, que talvez seja o primeiro a desregrar realmente o sistema sacrificial. Jó está doente, tem muitos sinais vitimários: está coberto de pústulas, jogam pedras nele, até sua mulher lhe diz que ele está com mau hálito e o repele. Ele perdeu os seus rebanhos, semeia ao seu redor uma desordem contagiosa. É a vítima típica. Os seus três amigos lhe dizem, para consolá-lo, se é que se pode dizer isso: "Já que estás passando por infortúnio, é porque és culpado. Arrepende-te". Aí está a teologia pagã. Mas Jó resiste e tenta subverter esse sistema da vítima expiatória. Os amigos de Jó representam a multidão plenamente indisposta contra a vítima, a perspectiva mítica. A verdade luta contra o mito. No princípio, Deus diz a Satanás: "Vereis, Jó não falará contra mim". Na sequência, ele parece fazê-lo, mas na verdade ele fala contra um deus de violência que não é nem o *Iahweh* dos profetas nem o *Pai* de Jesus.

M. T.: Jó resiste à sua culpabilidade?

R. G.: Ele resiste e ao fazer isso ele avança – beirando talvez o ateísmo – em direção a uma religião em que Deus não seria solidário às multidões vingativas. O texto é uma crítica implícita da teologia que fazia do excluído pelos homens o repudiado por Deus. Em vez de dizer como Édipo: "Certo, o parricida e o incestuoso sou eu, expulsem-me, sou a sujeira", Jó se ergue e diz: "Nada disso! Seus oráculos são mentiras! Se Apolo é isso, então eu não quero saber desse deus!". O que os gregos jamais poderiam dizer. Aí é que está o essencial!

capítulo 5
o Cristo: ordens e desordens

M. T.: Para o senhor, a Revelação cristã desencadeia um processo global, mundial, se não mais amplo ainda. Saímos da mentira, da sombra mítica para renascer sob o Sol da verdade. É o início da verdadeira História, e não é um mito a mais.

R. G.: De um ponto de vista cristão, pode-se dizer que é a Criação novamente em ação, de certa forma. A Criação danificada pelo pecado.

M. T.: Justamente, qual seria o pecado?

R. G.: O pecado do homem, o pecado original.

M. T.: Certo, mas como o senhor o define?

R. G.: Não tenho a pretensão de querer defini-lo, mas posso assegurar que o sistema mimético se esbalda nele! O pecado original começa no plano do indivíduo no Gênesis, com Adão e Eva, mas prossegue imediatamente no plano coletivo com Caim e Abel: o assassinato do irmão é a criação da cultura humana, não é? Todo o sistema mimético está aí, e os Evangelhos o dizem, no meu entender. Fazem com que se diga a Jesus que "ele vai morrer como os profetas" e, entre os profetas, Abel é mencionado. Isso mostra que não se trata apenas dos profetas judeus, mas de todas as mortes [ocorridas] religiosas desde a fundação do mundo, mortes que se assemelham, todas elas, à Paixão pelo fato de serem precursoras das demais no sentido do bode expiatório. A morte de Cristo se situa na sequência dessas mortes. O que há de singular na Paixão não é o modo como Cristo morre – como é que a crucificação poderia ser singular se era o suplício mais difundido no mundo romano? –, e sim que, em vez de acabar com uma sacralização de bode expiatório, ela acaba com uma *dessacralização* de todo o sistema. E o que o cristianismo diz, e que é evidentemente muito paradoxal, é que essa Revelação dessacralizadora de tudo é a única a ser realmente religiosa, a única a ser de fato divina.

Estruturalmente, os Evangelhos se parecem com um mito: há crise, há assassinato coletivo, há revelação religiosa. Para compreender que não é a mesma coisa, é preciso verificar o que se diz da vítima. Não é de modo algum a mesma coisa olhar um assassinato do ponto de vista dos que mataram ou olhá-lo do ponto de vista da vítima inocente.

M. T.: Poder-se-ia contestar o senhor com o seguinte: como o texto mítico não confessa, evidentemente, a sua mentira, as suas afirmações segundo as quais esse texto é mentiroso e o texto evangélico, pelo contrário, diz a verdade são necessariamente análises prévias a toda e qualquer análise; o seu sistema de representação e o dos seus críticos são, tanto um quanto o outro, fechados, eles se excluem. Assim a discussão fica impossível.

R. G.: É uma excelente objeção, que abrange outras tantas! Mas respondo que não é verdade que eu parto do pressuposto, anterior a qualquer investigação, de que o mito é mentira, e o Evangelho, verdade. Pelo contrário, o mundo moderno e a sua pseudociência é que estipulam antes de qualquer exame sério que tudo é mito, inclusive a Paixão, que tudo é falso. Ao opor resistência ao contágio mimético, a que os mitos não conseguem opor resistência alguma, os Evangelhos identificam, explicam o que os mitos aceitam com passividade demasiada para poder enxergar. Os Evangelhos veem que a culpa de Édipo é uma "culpabilidade falsa", típica da multidão em pânico – como a culpa de Cristo. Por isso, os Evangelhos podem descrever aquilo que os olhos dos pagãos acreditam estar vendo, o bode expiatório primeiramente levado à morte e depois, mais tarde, falsamente divinizado como bode reconciliador.

O Evangelho de Lucas nos diz que "nesse mesmo dia [depois da morte de Jesus], Herodes e Pilatos ficaram amigos entre si, pois antes eram inimigos". É uma reconciliação que evidentemente não é cristã, mas que é o resultado do sacrifício para aqueles que creem nele. Há algo que vai ainda mais longe: Herodes crê na ressurreição de João Batista que ele mandara matar! Está escrito (Mateus 14,2)! Sobre Jesus, cuja fama chega até ele, o tetrarca apavorado declara: "Esse homem é João, o Batista! É ele, que ressuscitou dentre os mortos; é por isso que o poder de fazer milagres está nele!". Herodes diviniza a sua vítima como bode expiatório, como alguém que ele matou...

Os Evangelhos veem que o mito é dominado por uma acusação falsa, ao passo que o mito não pode nos dizer nada acerca dos Evangelhos. Sem a compreensão evangélica vemos apenas a proximidade dos temas míticos e evangélicos, a semelhança "diabólica", a "macaquice" de Satanás que faz pensar que é a mesma coisa por toda parte. Mas do ponto de vista dos assassinos, mesmo quando "inocente" e sinceramente embriagados com o seu assassinato, e no fim das contas gratos à sua vítima por tê-los "salvado", não vale a verdade da vítima que se revela de fato capaz de esmiuçar tudo e explicar tudo. Essa verdade aí, em contrapartida, não podemos esmiuçar e explicar unicamente por meio dos nossos recursos humanos. Cristo não é divinizado como bode expiatório. Os que o tomam por Deus – os cristãos – são os que não fazem dele o seu bode expiatório.

M. T.: O mito justifica a violência, mas os ritos que ele engendra também a fazem parar?

R. G.: O mito justifica a violência contra o bode expiatório, a comunidade não tem culpa disso. Tebas não é culpada em relação a Édipo, Édipo é culpado em relação a Tebas. Mas o rito protege as comunidades da grande violência da desordem mimética graças às violências reais e simbólicas dos sacrifícios... Para retomar a expressão de Jean-Pierre Dupuy, "os sistemas sacrificiais *contêm* a violência, nos dois sentidos do termo": porque ela está contida em seu interior e porque eles a impedem de fazer tudo submergir.

M. T.: No fim das contas, talvez não seja tão ruim assim que a violência possa ficar contida, sendo "mediatizada" nos ritos?

R. G.: Não é tão ruim, mas a violência sempre volta.

M. T.: Porém, talvez pelo custo mínimo.

R. G.: Talvez pelo custo mínimo, mas também à custa da verdade, com a graça da mentira. Certas sociedades primitivas evitam confrontar o verdadeiro culpado porque seria excitar o espírito de vingança. Canalizar a violência para uma vítima sacrificial, como que para uma espécie de para-raios, é sem dúvida frear a violência, mas não é muito bonito... Mesmo que sejamos muito seletivos nas nossas indignações, às vezes muito hipócritas, ainda assim dizer que, em geral, não toleramos mais esse tipo de solução é uma verdade.

M. T.: Não se pode condenar o sacrifício já que ele é inconsciente, mas também não se pode recomendá-lo porque, conforme dizíamos há pouco, se for praticado com conhecimento de causa corresponde ao nazismo.

R. G.: Se o senhor fizer do sacrifício uma ideologia, estará em pleno horror.

M. T.: Em compensação, o que ocorre antes do aparecimento do cristianismo não é "mau". É meramente a história humana?

R. G.: É a história humana. Mas o bíblico é melhor, é a resistência ao fenômeno de bode expiatório. As religiões anteriores estão completamente mergulhadas no universo sacrificial, submetidas aos seus mecanismos, mas com certa inocência. Na verdade, a palavra *inocência* é perigosa e excessiva; nos Atos dos Apóstolos há um texto extraordinário que fala de *ignorância*. Pedro caminha em direção ao povo de Jerusalém e diz: "Vós acusastes o Santo e o Justo, e exigistes que fosse agraciado para vós um assassino, enquanto fazíeis morrer o príncipe da vida. (...) Entretanto, irmãos, sei que agistes por ignorância, da mesma forma como vossos chefes". Quer dizer que ele concede até aos políticos cínicos, a Caifás e a Pilatos, o benefício da inconsciência: as suas maquinações não incidiam sobre o essencial.

M. T.: Estou pensando também no "Pai, perdoa-lhes: não sabem o que fazem" de Jesus. Apesar de Cristo também chegar a falar em violência.

R. G.: "Não vim trazer paz, mas espada (...), vim contrapor o homem ao seu pai, a filha à sua mãe, etc." não quer dizer "Vim para trazer a violência"; mas, mais propriamente: "Eu vim trazer uma paz tal, uma paz tão isenta de vítimas, que ela ultrapassa as possibilidades de vocês e que vocês vão ter de se explicar com seus fenômenos vitimários". Os textos religiosos do mundo moderno são desse feitio. Eles não são só ocidentais, não pertencem a ninguém, são universais.

M. T.: O surgimento de Cristo traz perturbação para a ordem sacrificial, para o ciclo das pequenas e falsas pazes provisórias que se seguem aos sacrifícios?

R. G.: A história dos "demônios de Gerasa", nos Evangelhos Sinópticos, e particularmente em Marcos, mostra-o muito bem. Para se livrar da multidão que o cerca, Cristo sobe numa barca, atravessa o lago de Tiberíades e chega em território não judeu, no país dos gerasenos.

É a única incursão de Cristo, nos Evangelhos, por um povo não leitor da Bíblia, não submisso à Lei Mosaica. Quando Jesus está descendo da barca [no trecho bíblico], um homem possuído barra-lhe a passagem, como a Esfinge fizera com Édipo. "Habitava no meio das tumbas e ninguém podia dominá-lo, nem mesmo com correntes. (...) E, sem descanso, noite e dia, perambulava pelas tumbas e pelas montanhas, dando gritos e ferindo-se com pedras." Cristo, então, pergunta seu nome e ele responde: "Legião é meu nome, porque somos muitos". Ele pede, ou melhor, os demônios que falam pela sua boca pedem a Cristo para não os lançar fora daquela região – detalhe significativo –, depois para deixá-los entrar numa manada de porcos que pastava ali. E é o que fazem. Os porcos então se precipitam do alto da falésia para dentro da água. Não é a vítima que se joga falésia abaixo, mas a multidão. *A expulsão da vítima única é substituída pela expulsão da multidão violenta.* O [homem] possuído, curado, quer acompanhar Cristo, mas este lhe diz para ficar em casa. E os gerasenos afluem em grande número, suplicando a Jesus que parta imediatamente. São pagãos que vivem graças aos que eles expulsam e Cristo está semeando em seu sistema uma perturbação que lembra as desordens atuais no mundo. Resumindo, eles lhe dizem: "Preferimos continuar com nossos exorcistas porque tu, tu és claramente um autêntico revolucionário. Em vez de reorganizar o demoníaco, de ajeitá-lo um pouco como um psicanalista... tu o eliminas completamente. Se ficasses, nos privarias das muletas sacrificiais que garantem nossa locomoção". É então que Jesus diz ao homem que ele acaba de libertar dos seus demônios: "Vai para tua casa e para os teus e anuncia-lhes tudo o que fez por ti o Senhor na sua misericórdia". No fundo, a cena tem muito em comum com a da conversão de Paulo. Quem sabe se o cristianismo histórico não é esse sistema que, por muito tempo, modera a mensagem e viabiliza que se tenha paciência para esperar durante dois mil anos? Esse texto, é claro, está datado pelo seu enquadramento demonológico primitivo, mas encontra-se nele a ideia capital de que, no universo sacrificial, que é a norma do homem, Cristo sempre chega cedo demais. Mais exatamente, Cristo deve chegar quando for a sua hora, não antes disso. Em Canaã ele diz: "Minha hora ainda não chegou". Esse tema está ligado à crise sacrificial: Cristo intervém no momento em que a falência do sistema sacrificial ficou completa.

Esse endemoniado que não para de se lacerar com pedras, como ressaltou Jean Starobinski, é um "autolapidado". Ora, é a multidão que lapida. Consequentemente são de fato os demônios da multidão que estão nele. Eis por que ele se denomina *Legião*, ele é de certa forma a encarnação da multidão. É a turba que sai dele para ir se atirar do alto da falésia. Assistimos ao nascimento de um indivíduo capaz de escapar das fatalidades da violência coletiva.

M. T.: Esses textos são belíssimos e, ao mesmo tempo, obscuros; precisam ser comentados, esclarecidos. "Tudo o que está oculto será revelado." Por que a Revelação deve ficar oculta?

R. G.: Ela não *deve* ficar oculta, na verdade ela não está nem um pouco oculta. O homem é que é cego. Ele está no interior desse cerco da representação, cada um está no caldeirão hermético da sua cultura... Em outras palavras, ele não vê o que eu dizia há pouco, o princípio da ilusão que governa a sua visão. Mesmo depois da Revelação, ele continua não entendendo.

M. T.: Então isso quer realmente dizer que as coisas vão surgir de maneira progressiva mas que, no começo, elas ficam incompreensíveis?

R. G.: Elas parecem incompreensíveis porque o homem vive sob o signo de Satanás, na mentira e no medo da mentira, no medo dos mentirosos. É preciso que se dê a reviravolta da Paixão.

M. T.: Na medida em que a própria Igreja se engana há 2 mil anos e pratica uma leitura sacrificial da Paixão de Cristo é uma maneira de ocultar a revelação...

R. G.: Não digo que a Igreja se engane. A leitura que eu proponho reencontra todos os grandes dogmas, mas dotando-os de um embasamento antropológico que tinha passado despercebido.

M. T.: Por que não aplicar de uma vez por todas uma boa insolação ou uma bela vassourada nos nossos maus hábitos a partir do ano zero, inaugurando uma era de amor e de paz infinita?

R. G.: Porque o mundo não resistiria a isso! Como o princípio sacrificial é o princípio fundamental da ordem humana – até certo ponto os homens precisam despejar a sua violência, as suas tensões em bodes expiatórios –, destruí-lo de uma só vez é impossível. Assim sendo, o cristianismo se articula de modo a proporcionar transições. Essa é, sem dúvida, uma das razões pela qual ele se encontra ao mesmo tempo tão distante e tão próximo dos mitos, sempre propício a ser interpretado um pouco miticamente.

Quando Nietzsche diz que o cristianismo é impossível, que ele não pode resultar senão em aberrações, em coisas insanas, pode-se dizer que ele tem razão em primeira instância... mesmo que esteja errado quanto à essência! Não dá para se livrar do princípio sacrificial com um simples piparote!

A história não acabou! A cada dia acontecem, diante dos nossos olhos, coisas muito interessantes, mudanças de prisma. Nos Estados Unidos, e por toda parte, podem-se unificar muitos fenômenos culturais descrevendo-os como a descoberta de novas vítimas, melhor dizendo, como sua reabilitação concreta, pois na verdade elas foram descobertas faz tempo: as mulheres, os jovens, os idosos, os loucos, os deficientes físicos e mentais, etc. Nossa linguagem está repleta desse tipo de consideração. Por exemplo, a questão do aborto que tem uma grande importância no debate americano passou a se formular unicamente assim: "Quem é a verdadeira vítima? A criança ou a mãe?". Aliás, já não se pode mais defender uma posição, qualquer que seja, senão apresentando-a como uma contribuição para a cruzada antivitimária.

M. T.: Isso lhe parece uma coisa boa ou uma regressão?

R. G.: Em si mesma é uma coisa boa! O vocabulário e o ponto de vista cristão vão se introduzindo por toda parte e se universalizando: é um sinal de que os tempos estão mudando, de que a Revelação progride...

Mas é verdade também que, em muitos casos, são caricaturas que se instauram, explorações distorcidas e patológicas da obsessão vitimária. Doravante, "só se persegue em nome das vítimas!". Mais uma vez, foi o que Nietzsche viu perfeitamente numa época em que era menos caricatural que hoje: mas ele não viu a verdade por trás da mentira.

Veja por exemplo o terror que pesa atualmente sobre os estudos literários e as ciências humanas. Em outras palavras, sobre os setores mais vulneráveis da universidade norte-americana, em função da coalizão do que chamam lá de *single-issue lobbies*, os grupos de pressão étnicos, feministas, neomarxistas, movimentos em defesa dos homossexuais, etc. A partir do momento em que a preocupação vitimária se universaliza no abstrato e se transforma em imperativo absoluto, ela própria se torna um instrumento de injustiça. Por uma espécie de supercompensação, passou a haver, daí em diante, uma tendência de fazer da simples filiação a um grupo minoritário um privilégio, de certa forma, um direito à titulação na universidade, por exemplo. Cada vez que critérios de seleção puramente étnicos e sociais vêm substituir o talento pedagógico, a qualidade das publicações, a universidade norte-americana perde o que constituía a sua eficiência, isto é, a concorrência regulamentada dos méritos. Ela se transforma numa burocracia autocrática, num sistema hierarquizado segundo critérios alheios ao sucesso da pesquisa ou até a eficácia na transmissão dos saberes. O fato de que essa hierarquia inverta a antiga não consiste num progresso. No plano social, um Nietzsche pelo avesso não vale mais que o outro, aquele que apregoa o aniquilamento dos fracos e dos fracassados.

Chegando ao extremo, a onipotência da vítima fica tanto no nosso universo, que ela talvez esteja deslizando para um novo totalitarismo.

M. T.: Ora! Cristo não podia ter previsto isso?

R. G.: Mas ele previu! Os textos cristãos anunciam isso! Paulo diz: "No fim dos tempos, acaso Cristo achará a fé quando voltar entre os homens?". Todo o Apocalipse de João é o anúncio disso! O que quer dizer *Anticristo*? Quer dizer que se vai imitar Cristo de uma maneira paródica. É uma descrição exata de um mundo, o nosso, no qual os atos mais persecutórios são realizados em nome da luta contra a perseguição. O sovietismo não passava disso.

Veja bem, pode-se querer se opor frontalmente à atitude cristã como os nazistas, querer usurpar essa atitude e desviá-la do seu fim, o que vem a ser o nosso próprio totalitarismo. Os nazistas diziam: "Nós vamos mudar a vocação do mundo ocidental, cancelar o ideal de um universo sem vítimas. Vamos fazer tantas vítimas que acabaremos nos reinstalando no paganismo". O que nos ameaça hoje nos Estados Unidos, em contrapartida, é o contrário: o politicamente correto...

M. T.: Como o senhor o define em seu vocabulário?

R. G.: É a religião da vítima destacada de qualquer transcendência, a obrigação social de empregar um verdadeiro "politiquês vitimário" ("*langue de bois victimaire*") que provém do cristianismo, mas que o subverte de forma ainda mais traiçoeira do que a oposição aberta.

M. T.: Faça-nos rir um pouco contando as últimas pérolas desse linguajar.

R. G.: Um belo exemplo é a substituição, por professoras feministas, do termo *seminário*, tido como sexista – ele vem de *seminarium* ("viveiro de plantas"), ele próprio derivado de *semen* ("semente") – pelo de... *ovarium* [ovário]!

M. T.: Não? É verdade?

R. G.: É, sim! Pode-se também citar o "código sexual" oficialmente adotado pelo Antioch College, em Ohio, que obriga os homens a avisar sua parceira em voz alta de que estão prestes a se lançar em alguma manobra amorosa: "Posso colocar a mão aqui? Posso mover a mão de maneira rítmica?".

M. T.: São as novas "preciosas ridículas"[1]... Mas, convenhamos, não se chegará ao ponto de abrir campos de concentração ou *gulags* em nome do politicamente correto...

R. G.: Óbvio! Há maneiras mais inteligentes que o *gulag* para se livrar das pessoas. Talvez nem demore a vermos isso...

M. T.: Sempre se volta à prática de julgar, nem que seja só pelas aparências, e a caças às bruxas...

R. G.: Por que fazer que as vítimas confessem, em todas as caças às bruxas, nos processos stalinistas, por

---

[1] Alusão à celebre peça de Molière (1622-1673) "As Preciosas Ridículas", estreada em 1659. A peça foi inicialmente proibida, mas logo liberada, obtendo grande êxito e gerando inúmeras polêmicas. (N. T.)

exemplo, é tão importante? Porque restabelece a unanimidade. Quando há transcendência social autêntica, como numa monarquia de direito divino ou numa democracia consensual fundada sobre princípios universais, a unidade da sociedade não é periodicamente posta em discussão pelo falecimento do seu representante. "O rei morreu, viva o rei!" Mas num universo onde a verdade decorre sempre de uma unanimidade ameaçada, se a unidade apresentar rachaduras, é necessário refazê-la colocando-a toda vez nas costas de novas vítimas. É o que constitui o caráter trágico desses sistemas.

M. T.: Mas o que convence a própria vítima a se confessar culpada, ao contrário de Jó?

R. G.: A pressão mimética! As bruxas confessam sempre, os acusados políticos também, pelo efeito desse fechamento da representação de que falávamos. Os seres vivem no interior de certas formas sociais. Quando veem que todo mundo está contra eles, de onde tirariam força para não confessar, em que baseariam sua recusa? As bruxas são as réplicas de seus juízes, elas partilham as crenças destes em sua própria culpa.

M. T.: O senhor pensa, por exemplo, que num processo stalinista, o acusado acabava achando que sua morte seria aceitável se fosse para reconciliar a sociedade a respeito da sua vida?

R. G.: Nem sempre, mas isso decerto chegou a acontecer. E ademais há esse prestígio imenso da violência... Não é verdade que o prestígio do stalinismo decaiu (inclusive para os intelectuais ocidentais!) a partir do momento em que o seu grau de violência baixou, em que ele começou a praticar um pouco a autocrítica?

M. T.: Onde se encontra então o limite entre a denúncia justa aos perseguidores e o exagero irrisório desse fenômeno?

R. G.: Não se pode definir regras, não se pode dar receitas. É a diferença entre o que provém do amor verdadeiro e o puro ressentimento mimético. Não se deve nunca esquecer que os perseguidores nos sistemas estáveis não sabem que são perseguidores; eles não se reconhecem no retrato que as suas vítimas pintam deles quando começam a dar queixa. Tome o exemplo de um bom italiano típico, ou até de um francês, e diga-lhes que desde sempre oprimiram suas respectivas esposas. Para começar, eles não vão acreditar. Nunca pensaram realmente na questão. Se obrigá-los a isso, se colocar repetidamente os mesmos fatos bem debaixo do nariz deles, mesmo que não confessem, vão acabar despertando para a verdade. Vão, então, pôr-se a criticar não seu próprio comportamento, seria mesmo pedir demais, mas... o de seus antepassados! Acabarão, decerto, mudando um pouco apesar de tudo. Quando se diz e se torna a dizer a verdade, uma vez que tenha passado para o domínio público, ela acaba sempre ganhando terreno. Muito mais depressa do que parecia possível, um consenso se ergue sobre posições que, poucos anos antes, pareciam ainda revolucionárias, totalmente inadmissíveis para os conservadores.

Há muito abuso no que vem ocorrendo nas nossas sociedades no último quarto de século, mas há também muita justiça a caminho. É muito difícil manter essas duas verdades juntas, abarcadas no mesmo olhar, e atribuir a cada qual a parte que lhe cabe. Os homens, infelizmente, são assim: a correção de uma injustiça nunca está isenta do risco de cair no excesso contrário. É o mimetismo dos grupos que pede isso. As sociedades modernas se parecem com enormes massas semilíquidas em constante movimento. Para modificar sua direção, mesmo que minimamente, são necessários esforços descomunais e uma sorte fenomenal. Assim que se obtém êxito, a avalanche mimética ameaça pôr tudo a perder. Na nossa época, o mimetismo é reforçado pela comunicação instantânea e o sensacionalismo da mídia. Daí a importância do político, e quase sempre sua prodigiosa covardia, sua tendência a dançar conforme a música, como Pilatos, por interesses eleitoreiros, por incapacidade de pensar por si mesmo. Antes de mais nada, não se deve ficar estancado em posições *a priori* "revolucionárias" ou "tradicionais". O senhor vê até que ponto eu sou moderado... Vê-se em mim um frenético, porque não me iludo à maneira de Rousseau sobre a bondade natural do homem, mas nada melhor para aprender a moderação do que a teoria do pecado original, que é sempre o inverso do que dizem os seus críticos. A crença na bondade natural do homem, porque ela nos decepciona diante da realidade, acaba sempre em caça ao bode expiatório. Nesse sentido, aliás, a história do próprio Rousseau e seu desenlace paranoico é um exemplo perfeito do que dissemos.

capítulo 6
retomada da imitação

M. T.: Voltemos uma vez mais a essa imitação que Platão via por toda parte, exceto onde era o mais importante: nos comportamentos adquiridos, na concorrência dos desejos.

R. G.: Mímesis é a palavra grega para imitação. A dança é a mais mimética de todas as artes e, se observar bem, de fato, a sua relação com o contágio, o transe coletivo; esclarece o seu papel nos sacrifícios. Nos próprios Evangelhos, a dança de Salomé é uma espécie de *Sagração da Primavera* que tem como desfecho a morte do profeta.

M. T.: O desejo mimético só pode produzir o mal?

R. G.: Não, ele pode tornar-se mau se suscitar rivalidades, mas não é mau em si, ele até é muito bom e, felizmente, os homens não podem renunciar a ele mais do que à comida ou ao sono. É à imitação que devemos não somente as nossas tradições, sem as quais não seríamos capazes de nada, mas também, paradoxalmente, todas as inovações que consideramos tão importantes hoje em dia. A técnica e a ciência modernas mostram isso admiravelmente. Estude a história da economia mundial e verá que desde o século XIX todas as nações que, num dado momento, pareceram destinadas a nunca desempenhar nada além de um papel subalterno – por falta de "criatividade" em função de sua natureza imitativa, simiesca como teria dito Montaigne –, sempre se revelaram, na sequência, mais criativas que os seus modelos.

Isso começou pela Alemanha que, no século XIX dava a impressão de ser capaz, na melhor das hipóteses, de imitar os ingleses, no exato momento em que os ultrapassava. Continuou com os norte-americanos, os quais os europeus consideraram por muito tempo como medíocres fazedores de aparelhinhos, insuficientemente teóricos e cerebrais para assumir a liderança mundial. Recomeçou uma vez mais com os japoneses, que após a Segunda Guerra Mundial eram vistos como reles imitadores da superioridade ocidental. E está recomeçando, ao que parece, com a Coreia, amanhã quem sabe será a vez da China...

Todos esses erros sucessivos acerca do potencial criador da imitação não podem ser devidos ao acaso. Para ser um imitador eficaz, é preciso admirar abertamente o modelo que se imita, é preciso confessar a admiração. É preciso reconhecer a superioridade daqueles que têm mais sucesso do que nós e modestamente aprender com eles.

Se um homem de negócios vê o seu concorrente ganhando dinheiro ao passo que ele está perdendo, não tem tempo para reinventar toda a técnica da sua produção. Ele imita os rivais mais privilegiados.

Nos negócios, a imitação permanece possível nos dias de hoje porque a vaidade mimética fica em menor destaque aí do que no âmbito das artes, da literatura ou da filosofia. Nas áreas mais espirituais, o mundo moderno rejeita a imitação em favor da originalidade a qualquer preço. Nunca se deve dizer o que dizem os demais, nunca pintar como pintam os demais, nunca pensar como os demais pensaram, etc. Como isso é totalmente impossível, cai-se bem depressa numa imitação negativa que esteriliza tudo. É a rivalidade mimética que não consegue se exasperar sem ficar destrutiva de múltiplas maneiras.

Vê-se isso hoje até mesmo nas ciências ditas "moles", e que bem merecem esse qualificativo. Com cada vez mais frequência, elas têm de mudar de opinião e alardear alguma nova "ruptura epistemológica" que pretensamente vai renovar o campo pesquisado de ponta a ponta.

Essa busca furiosa por originalidade produziu algumas poucas obras-primas e uma boa quantidade de coisas um tanto peculiares, no estilo dos *Escritos* de Jacques Lacan. Há alguns anos ainda a inflação mimética tinha chegado a uma loucura tamanha que obrigava todo mundo a se mostrar bem mais incompreensível que o seu vizinho. Nas universidades norte-americanas, a imitação de mestres andou assim gerando resultados bem engraçados. Mas hoje já se espremeu todo o sumo desse limão. O princípio da originalidade a qualquer custo desemboca na paralisia. Quanto mais se exaltar as novidades "criativas e enriquecedoras", menos elas existirão. O pretenso pós-modernismo é ainda mais estéril do que o modernismo e, como o próprio nome dá a entender, permanece completamente dependente desse.

Durante 2 mil anos as artes foram imitativas, e foi só nos séculos XIX e XX que se começou a recusar o mimético. Por quê? Porque é isso o que se é mais do que nunca... A rivalidade desempenha um papel tão grande que nos esforçamos em vão para exorcizar a imitação.

M. T.: De fato, até autores como Molière, Racine, Marivaux se voltam constantemente para os seus predecessores para encontrar os temas de suas obras...

R. G.: A partir da *Querela dos Antigos e dos Modernos*, no final do século XVII, começou-se a indagar se a superioridade dos antigos não havia sido usurpada, mas a imitação prosseguia. Foi só a partir dos simbolistas, no fim do século XIX, que a imitação ficou proibida, que se fez dela um bode expiatório em todos os campos, até na psicologia.

Na minha opinião, só há novidade em meio à tradição. Não dá para subverter a tradição a não ser partindo de seu interior. A partir do momento em que se está fora de tudo, habita-se o nada e lá se fica! Creio que hoje é aonde chegamos... Quanto mais se condena a imitação, mais se fica entregue a ela sob um disfarce qualquer. Nunca os modismos foram tão impositivos quanto hoje. A vida intelectual já não passa de uma série de arrebatamentos frenéticos até a mola se quebrar.

M. T.: Assim mesmo existe também um mau uso da tradição, um mau uso do respeito que leva ao confinamento. Os professores que se limitam a ser coletores de história da filosofia, admiradores ou até críticos dos mestres do passado, jamais serão eles próprios filósofos autênticos, inventores de filosofias. O senhor bem o sabe, pois, se quiser lembrar algumas verdades esquecidas, há também, num pensador original como o senhor, e a despeito do que o senhor diz, uma prática da tábula rasa, um lado "desesperado do pensamento"...

R. G.: Há mestres que é preciso esquecer, há outros que é preciso conservar ou lembrar, sem que se possa dizer quais *a priori*. Mas o homem é essencialmente mimético, a santidade é mimética, a novidade é mimética, a abertura para o novo é sempre mimética. A repetição, o tédio o são também...

M. T.: Mas o novo, o novo absoluto? O mundo se transforma, a ciência se reinventa a cada dia, e apesar de tudo é verdade também que "a primeira aquarela abstrata" de Kandinsky era de fato a primeira; ninguém jamais havia pintado dessa maneira antes, era efetivamente novo. Mesmo que se pense como o senhor que "só há novidade em meio à tradição", para que a novidade surja é necessário num dado momento sair da imitação.

R. G.: Se o novo absoluto existe, não se pode codificá-lo. Frequentemente o novo relativo nasce do encontro de dois objetos ou de dois níveis de realidade que não parecem feitos para se encontrar. Isso é o rito que o suscita, uma vez mais, pois, lembre-se, ele põe em cena a crise. Logo, ele é perfeitamente capaz de proceder a mesclas incongruentes, mas de forma regrada e metódica, e não no estado de espírito da vertigem que acompanha a crise mimética real. O rito é uma crise criadora por ser parcialmente simulada e sempre um pouco dirigida. Assim, não é contraditório celebrar ao mesmo tempo a tradição e a inovação.

Acho que é o sentido do sacrifício de Isaac, que vai marcar a renúncia ao sacrifício humano, a passagem ao sacrifício animal. O que há de extraordinário nesse texto bíblico é que ele começa colocando em cena Abraão obedecendo ainda ao sistema do sacrifício humano. Ele mostra primeiro a obediência: é a partir dessa obediência específica que a verdadeira mudança se torna possível.

Acredito que a destruição das formas tem uma história. É uma estética, e dura uma centena de anos no máximo. Mas a construção das formas não é só de ordem estética, e é muito mais importante que a destruição. Mesmo no campo estético, bem se vê que a nossa civilização não é como as demais. Somente o Ocidente cristão encontrou a perspectiva e esse realismo fotográfico do qual se fala tão mal: foi ele também que inventou as câmeras. Jamais os outros universos culturais descobriram isso. Um pesquisador que trabalha nessa área me fazia notar que no *trompe l'œil* ocidental, todos os objetos ficam deformados segundo os mesmos princípios em relação à luz e ao espaço: é o equivalente pictórico do Deus que faz brilhar o Sol e faz cair a chuva tanto sobre os justos quanto sobre os injustos. Para-se de representar em tamanho real ou maior os indivíduos importantes e em tamanho menor os outros. É a igualdade absoluta na percepção. A estética atual se esforça ainda em esconder de si mesma a importância da nossa singularidade, mas isso não pode durar para sempre. Já está desmoronando.

M. T.: É a tese de Régis Debray: é a encarnação de Cristo e a derrota dos iconoclastas que dão ao Ocidente o domínio das imagens e, em consequência, da inovação... Uma pergunta, talvez absurda: será que uma frase como "se alguém vos bater na face direita, apresentai-lhe a outra" tem algo a ver com a imitação?

R. G.: É claro que sim, já que está dirigida contra a imitação "rivalitária" e que oferecer a outra face e a imitação de Cristo são uma mesma e única coisa. Nos Evangelhos tudo é imitação, já que o próprio Cristo se deseja imitando e imitado. Diferentemente dos gurus modernos, que alegam não imitar ninguém, mas que por isso mesmo querem se fazer imitar, Cristo diz: "Imitem-me, como imito o Pai".

As regras do reino de Deus não são absolutamente utópicas: "se querem pôr fim à rivalidade mimética, entreguem tudo ao rival". O senhor estará cortando o mal pela raiz. Não se trata de um programa político, é muito mais simples e mais fundamental. Se o outro lhe contrapõe exigências excessivas, é por que ele já está na rivalidade mimética e espera que o senhor participe na disputa aumentando os lances. Então, para pôr um ponto-final, o único meio é fazer o contrário do esperado, que seria cobrir o lance do outro: pagar o dobro do valor pelo pedido inicial. Se querem fazê-lo caminhar um quilômetro, caminhe dois; se lhe derem um tapa na face esquerda, ofereça a direita. O Reino de Deus não é nada além disso, mas isso não quer dizer que o acesso a ele seja fácil...

Por outro lado, uma tradição não escrita bastante potente afirma também que "Satanás é o macaco de

Deus". Satanás é muito paradoxal nos Evangelhos. Ele é antes de tudo a desordem mimética, mas é igualmente a ordem, já que é *príncipe desse mundo*. Quando os Fariseus o acusam de libertar os possuídos dos demônios pelo poder de "Belzebu", Jesus lhes responde: "Se Satanás expulsa a Satanás, está dividido contra si mesmo. Como, então, poderá subsistir o seu reinado? (...) Mas se é pelo Espírito de Deus que eu expulso os demônios, então o Reino de Deus já chegou a vós". Isso quer dizer que a ordem de Satanás é a do bode expiatório. Nos Evangelhos, Satanás é o sistema mimético no seu todo. Que Satanás seja a tentação, que Satanás seja a rivalidade que se volta contra si própria, todas as tradições o veem; cair em tentação é sempre tentar os outros. O que os Evangelhos acrescentam e que lhes pertence propriamente, acredito eu, é que *Satanás é a ordem*. A ordem desse mundo não é divina, é sacrificial, e de certa forma satânica. Isso não quer dizer que as religiões sejam satânicas, isso quer dizer que o sistema mimético, com o seu eterno retorno, escraviza a humanidade. A transcendência de Satanás é que, precisamente, a violência domina a si mesma de modo provisório pelo fenômeno do bode expiatório: Satanás não se expulsa nunca a si mesmo para sempre – só o Espírito de Deus pode fazê-lo –, mas ele "se encadeia" mais ou menos pela ordem sacrificial. Todas as lendas da Idade Média dizem: "o diabo não pede mais que uma só vítima...", mas dessa ele não pode abrir mão. Se a pessoa não obedece às regras do Reino de Deus, ela é necessariamente submissa a Satanás.

"Satanás" significa "o acusador". E o Espírito de Deus se chama *Paracleto*, isto é, "o defensor das vítimas", está tudo aí. O advogado das vítimas revela a nulidade de Satanás mostrando que as suas acusações são mentirosas. O parricídio e o incesto de Édipo – que dão a peste a toda uma comunidade – é uma brincadeira de muito mau gosto que contribui para causar muitos estragos entre nós quando é levada a sério, como fazem, em última análise, os psicanalistas: eles levam a sério a mentira do acusador. Toda a cultura está dominada pela acusação mítica na medida em que não a denuncia. A psicanálise a ratifica.

capítulo 7
a ciência

M. T.: A opinião comum é a de que o cristianismo se manteve sempre atrasado em relação ao desenvolvimento da ciência, que não parou de se contrapor às novas visões do mundo acopladas a teorias da física como a de Galileu, etc. Mas na verdade, pelo que o senhor diz, a um nível mais profundo, é o cristianismo, pelo contrário, que viabiliza a ciência ao dessacralizar o real, ao libertar os homens de todas as casualidades mágicas. A partir do momento em que a tempestade não é mais desencadeada pelos sortilégios do feiticeiro do outro lado da rua, há uma chance de se poder começar a estudar cientificamente os fenômenos meteorológicos...

Uma vez mais, os acontecimentos da atualidade parecem estar reforçando a sua tese. A União Soviética se alçou como um hino ao progresso científico, obteve vários sucessos memoráveis, soube numa primeira etapa construir uma indústria pesada e lançou o primeiro homem ao espaço. Mesmo entre os partidários da democracia liberal, o otimismo não vinha a calhar até os anos 1960: dava a impressão de que o respeito aos direitos humanos freava, no plano da pura eficiência, os países que adotavam o seu regime, de que eles jamais poderiam lutar com igualdade de forças contra as ditaduras que faziam uso, sem escrúpulos, da força de trabalho do seu povo. E então... Surpresa! O gigante desaba e expõe os pés enferrujados: Chernobyl, o Mar de Aral seco, uma indústria ultrapassada... Que desenlace apavorante! Fukuyama relata no seu livro[1] a reflexão daquele cidadão soviético constatando que, na época em que lhe haviam prometido que "comeria abacaxis na Lua", ele ainda não chega a "conseguir o seu quinhão de tomates na Terra"! O cúmulo para gente materialista! Como se as coisas, ao mesmo tempo que os homens, houvessem tomado a decisão de deixar de ser marxistas! Assim sendo, eis que "reconhecer direitos às vítimas" é também um princípio de administração melhor do que fazer reinar uma disciplina de ferro?

R. G.: Certíssimo!

M. T.: Como o senhor descreve a origem das tecnologias e essa relação entre o cristianismo e a ciência?

R. G.: Nas primeiras sociedades sacrificiais, o rito forneceu um modelo de ação e esse modelo foi aplicado pelas culturas nas mais variadas situações, com resultados variáveis. Por exemplo, quando os homens se agitam para acelerar a chegada da primavera, dizemos: "Isto é

---

[1] *La Fin de l'Histoire et le Dernier Homme* (Paris, Flammarion, 1992). Na verdade o caso é tirado do livro de Andreï Nouykine, *The Bee and the Communist Ideal...*, que, por sua vez, estava citando um livro de Youri Afanassiev, *Inogo ne Dano!* Belo exemplo de transmissão em cadeia tortuosa e arriscada, típica da informação no labirinto da nossa *biblioteca total*.

típico do religioso, é absurdo! A primavera não precisa dos homens para chegar". Mas quando esses mesmos homens forjam o minério de ferro, submetem-no ao fogo e dizem estar acelerando processos sagrados, então reconhecemos os primórdios da metalurgia. Inversamente, quando fazem quase a mesma coisa com o ouro, assinalando que buscam uma forma de perfeição, dizemos novamente que estamos na superstição e que se trata de alquimia. Na minha opinião, não há diferença no ponto de partida dessas várias atitudes: há culturas que têm sorte e outras que não têm...

M. T.: Visto que as tecnologias nascem de improviso, por tentativa e erro, confirmadas ou não pelo real... É um ponto de vista que me parece bastante darwiniano.

R. G.: Para lhe dizer a verdade, eu não sei. Mas acho que Darwin e toda a sua época não viram a potência criadora do rito. Como eu dizia há pouco, e contrariamente ao que poderia levar a crer sua aparente monotonia, suas repetições, o rito é criador no plano cultural porque inclui uma desordem um pouco ordenada ou uma ordem um pouco desordenada. O rito é fundador das técnicas porque possibilita misturar coisas que os interditos separam. E aí, pode acontecer algo novo, é o que se chama de experimentação.

M. T.: Mas o cristianismo é destruidor de ritos?

R. G.: É verdade, mas a partir de uma época em que os ritos arcaicos perderam sua fecundidade, em que já não se precisa deles. O cristianismo, ao dessacralizar o mundo, deu-nos o meio de transformar em técnica sempre disponível a imitação criadora que o rito, sem dúvida, só pode produzir uma única vez, quando ele ainda tem um dinamismo que mais tarde desaparece em função da sua repetição.

M. T.: Entretanto muitas civilizações não cristãs sobressaíram nos primeiros tempos da ciência: os gregos, os árabes, os judeus ou até os maias... Tales, por exemplo, já teria tido a ideia de que os fenômenos não se deviam aos caprichos de Zeus, mas a leis naturais. Em outras palavras, a invenção da ciência – desta vez estou falando de fato da ciência, da matemática abstrata, não das tecnologias – não estaria mais bem situada numa sociedade pagã, de preferência?

R. G.: No mundo antigo só alguns grandes intelectuais individualmente emancipados ou certas castas religiosas se dedicam ao tipo de observações que leva à ciência. É uma atividade de alto luxo reservada a uma ínfima elite. A liberdade intelectual e espiritual que ela exige é fruto de uma coincidência propícia entre os dons naturais de um indivíduo e seu nascimento num meio suficientemente privilegiado para assegurar seu pleno desenvolvimento.

A partir do século XV, a democratização se torna um dado capital, inseparável da importância que adquirem de pronto, no nosso mundo, as aplicações técnicas com que a ciência aristocrática da antiguidade pouco se preocupa, fica bem evidente. Heidegger pensa que a técnica no nosso mundo sempre antecede e "impulsiona" a ciência. Essa tese me parece absoluta demais...

M. T.: Contudo é o que o senhor mesmo acaba de dizer ao mostrar que as técnicas pelo fato de emergirem por acaso dos ritos...

R. G.: Mas Heidegger, por sua vez, só fala da ciência moderna. No seu *Schritt Zurück*, no seu "passo para trás", para os pré-socráticos: ele não vê, justamente, que a técnica se enraíza no rito. Em compensação, o que me parece verdadeiro na sequência é que quanto mais a ciência se desenvolve, mais a exterioridade recíproca do técnico e do científico tende a se embaralhar. Talvez a ciência da antiguidade não tenha ido para a frente porque sua indiferença pelas aplicações técnicas a relegava a morrer de inanição. A ideia de uma ciência resolutamente experimental me parece fundada num princípio já em si democrático. Doravante é ponto pacífico que a experimentação faz parte da ciência "pura", mas por que esse princípio se impôs tão tardiamente? Num universo aristocrático, o experimental é visto sempre como impuro e como coisa "das massas", pelo próprio fato de obrigar os pesquisadores a "pôr a mão na massa", a se sujar um pouco: é o que nunca fazem de bom grado os aristocratas, eles dispõem de criados que os poupam desse incômodo. Mas isso é também a sua perdição: caso se possua escravos suficientes, como na república de Aristóteles, para puxar as charretes ou até se fazer de cavalgadura, a troco de que se vai quebrar a cabeça para inventar um veículo movido a motor?

Só o experimental revela a verdadeira área das ciências ditas "duras", aquela onde as aplicações matemáticas são possíveis. Essa área não coincide com o que se objetiva no sentido da oposição sujeito-objeto, mas com o não humano, com todos os campos em que a liberdade humana não está presente para debelar o cálculo matemático. Há viabilidade para a ciência no sentido experimental onde quer que as interferências humanas sejam mais ou menos neutralizáveis, ou suficientemente constantes para não impedir a previsão – e esta pode ser eficaz apenas no nível estatístico.

Os sucessos da ciência suscitaram uma enorme idolatria e levaram a considerá-la um conjunto de métodos específicos; mas o que faz o seu sucesso, parece-me, é menos o método do que o tipo de objeto a que se aplica uma reflexão liberada das antigas imposições do sagrado. Esse sucesso é tão inebriante que as ciências sociais e humanas nunca perdem a esperança de chegarem a ser "realmente científicas", transpondo para suas próprias áreas os métodos que dão tão certo nas ciências duras. Com isso, só conseguem empobrecer seus objetos.

Se não se pode adaptar o objeto ao método, é necessário adaptar o método ao objeto. É o que a teoria mimética se empenha em fazer. Longe de ser ingenuamente redutora e determinista, como se ouve dizer algumas vezes, ela mostra que, nas questões humanas, o imprevisível sempre pode acontecer. As sequências que ela descobre são muito prováveis já que são os automatismos do pecado, mas nunca são certas. Nunca há determinismo no sentido forte do termo.

M. T.: Os físicos modernos vivem se desentendendo acerca da noção de "real" que eles não conseguem definir com êxito. Bohr pensava que ela não fazia sentido algum e que só podíamos falar das nossas percepções, das medidas-resultados das nossas experiências. Ao passo que Einstein, pelo contrário, acreditava ferrenhamente na existência de um mundo real independente dos nossos sentidos, um mundo que a ciência tem precisamente a missão de descrever. Para o senhor, o mundo real existe independentemente de nós e dos nossos sentidos, e o senhor chega até a reivindicar a pertinência do senso comum, não é?

R. G.: É, sim. Isso posto, acho admirável que se gaste fortunas para construir aceleradores de partículas cada vez mais gigantescos e poderosos ou até para lançar telescópios no espaço. Todavia receio que lamentavelmente jamais se descubra uma nova geração de partículas; e, de mais a mais, depois, será preciso construir um novo cíclotron do tamanho da Terra inteira e se encontrará outra geração de partículas, etc.

M. T.: Note que a essa altura, se tivermos alcançado os limites da Terra, vamos nos ver obrigados a parar... O espaço tem seus limites, sua "finitude", como se diz. Somos prisioneiros desta bolinha...

R. G.: Não vamos chegar ao real absoluto, vamos continuar descobrindo novos mundos. Mas isso não me impede de ficar mais para o lado de Einstein do que para o de Bohr. Se eu sair, vou encontrar a padaria da esquina, que estava lá ontem e que estará lá amanhã. Não posso evitar pensar que essa segurança e essa regularidade das nossas percepções desvendam uma dimensão essencial do real, do ser criado. Todo o meu pensamento implica esse realismo.

M. T.: A perda de contato com o real, eis a mais simples das definições da loucura. Há algo de perturbador em pensar que a nossa ciência, o nosso conhecimento, brinca com esse jogo perigoso...

Permita-me uma pequena digressão. Não sei se o senhor conhece as narrativas policiais – loucas e deliciosas – desse excêntrico (e católico!) escritor inglês, muitíssimo apreciado por Jorge Luis Borges, a quem eu devo a sua descoberta: Gilbert Keith Chesterton. Os seus pesquisadores são um jovem poeta lunático ou um padre gorducho, Padre Brown, cujas atividades são em geral inspiradas por uma filosofia semelhante à sua, pela vontade de liberar os homens das falsas causalidades. Assim, numa dessas histórias, o poeta-detetive nota um rapaz com um comportamento estranho e diagnostica que ele está ameaçado de loucura porque por duas vezes havia desabado uma chuvarada por coincidência no instante em que ele aparecia em duas festas ao ar livre seguidas. Em consequência, e sem nem perceber, ele se deixa tomar pela ideia de que talvez se trate de um verdadeiro gênio da chuva, com o poder de desencadear temporais! O nosso insólito cão farejador-psiquiatra salva o infeliz e o traz de volta à razão... amarrando-o nu a uma árvore durante uma noite de tempestade para deixar bem claro que ele não manda nos elementos. Para dar uma ideia de todo o charme intrigante da narrativa, seria preciso acrescentar, por sinal, que sua construção é invertida: no início mostra-se uma espécie de louco excitado amarrado a uma árvore, uma vítima miserável, em meio a um turbilhão de água e de raios... Mas a verdade se revela o contrário dessa aparência!

R. G.: Nunca li *Padre Brown*. De Chesterton, só conheço os seus admiráveis ensaios. Nunca ouvi falar deles na França: é a mais vibrante apologética moderna do cristianismo.

A única conversão que se admite, nos dias de hoje, diz respeito à ciência! Pede-se que pensemos que o espírito científico desceu sobre os homens como uma espécie de Revelação... É, é sim! É o que os manuais fazem! Ensina-se às crianças que se parou de caçar as bruxas porque a ciência se impôs aos homens. Quando é o contrário: a ciência se impôs aos homens porque, por razões morais, religiosas, parou-se de caçar bruxas...

Um certo feminismo, hoje, gostaria de reabilitar as bruxas, de alegar que elas eram bruxas de verdade. Na minha opinião, é uma tática péssima. A bruxaria não existe, acho que se deve partir disso, só se é tido por bruxo em virtude de um sistema de acusação. Isso posto, sem dúvida, determinadas mulheres puderam ter se sentido singularizadas pela acusação de que eram alvo, a ponto de querer ser bruxas: seria o elemento de verdade da tese de Michelet. Isso não impedia que elas estivessem enganadas, que estivessem perdendo seu tempo com inúmeras bobagens...

M. T.: Seja como for, não acho que o senhor possa afirmar que a acusação venha sempre em primeiro lugar, que ela crie a bruxaria que não existiria sem ela. Mesmo deixando de lado a questão do sentido de um conhecimento mágico, parece-se que pelo menos existem pessoas que acreditam nele.

R. G.: Claro. Havia mesmo pessoas que ficavam agitadas diante de rãs e escorpiões à escabeche, mas nós *sabemos* hoje que suas artimanhas não impediriam os aviões de voar... É exatamente por isso que os terroristas preferem as bombas à feitiçaria. É por isso que, até quando condenadas, até quando tecnicamente culpadas, as bruxas eram bodes expiatórios.

M. T.: É muito paradoxal. O senhor não está mais julgando apenas as outras civilizações, mas agora também as outras épocas, partindo lá do "ponto ômega" da sua certeza.

R. G.: O senhor teria tanta fé no relativismo cultural a ponto de acreditar que, em certas culturas pelo menos, a bruxaria é uma verdade e tem efeitos objetivos que não os miméticos?

M. T.: Voltando a esses mesmos gregos pagãos, cujo papel para a origem da ciência já examinamos, são-lhes atribuídos também os créditos da invenção simultânea da democracia. Estou bem ciente das limitações da sua forma de origem que englobava apenas uma comunidade restrita de cidadãos do século masculino e excluía todos os demais, os "bárbaros", os escravos, as mulheres; que ignorava todo universalismo à maneira cristã. Mas, apesar de tudo, o senhor acha que ao lado da herança judaico-cristã é preciso abrir um espaço para uma herança grega?

R. G.: O senhor está brincando? Abrir um espaço para os gregos na nossa cultura? Mas o que é que estamos fazendo, desde o século XIII e até antes, senão isso? Na nossa história intelectual, há períodos com predominância platônica e outros com predominância aristotélica. Não há períodos que fiquem realmente apartados dos gregos. Foi, aliás, a Igreja que começou dando o exemplo. Não foi à toa que ela inventou a universidade, para a qual sempre se trata de harmonizar a Revelação com a filosofia grega – Platão e Aristóteles –, nem que seja para chegar ao dia em que não haverá mais Revelação, mas somente os gregos... O nosso primeiro grande universitário, Abelardo, é já tão grego quanto se podia ser na época dele, um mimético *do diabo* já que inventou as rivalidades universitárias e as relações eróticas entre o professor e a estudante!

Todos os nossos Renascimentos e todos os nossos humanismos não passam de retorno aos gregos. As revoluções e o imperialismo são igualmente assombrados pelos gregos. E também o próprio pensamento moderno, o mais influente, pelo menos na Europa – Nietzsche, Heidegger e alguns outros – é inteiramente devotado aos gregos. É certo que em cada época há uma tendência de rejeitar os gregos preferidos da época anterior, mas é sempre em nome de outros gregos e, em regra geral, de gregos sempre mais antigos, aqueles cujo arcaísmo faz com que pareçam ainda mais gregos que os mais recentes. Anseia-se por um elixir de helenismo cada vez mais embriagante! Pedir que a nossa cultura abra espaço aos gregos é como pedir à cidade de Los Angeles que dê lugar aos automóveis! Eu não tenho a menor vontade de eliminar os gregos, e falo muito neles: mas por que, de vez em quando, não falar um pouco de outra coisa?

Trata-se sempre, no fundo, de minimizar ou pôr de lado o judaico e o cristão da cultura oficial, da universidade. Se falamos do cristianismo sem lhe dar o coice do burro ritual, corremos o risco de ver erguerem-se ao nosso redor os muros de um gueto, ainda muito mais fechado nos Estados Unidos que na França, diga-se de passagem...

Tampouco consigo acompanhar seu raciocínio quanto à invenção da democracia. Uma democracia que exclui os estrangeiros, as mulheres e os escravos e que está inteiramente fundamentada na exploração de um império colonial ou semicolonial não vale mais que as muitas outras oligarquias. Admiro bastante a cultura grega, mas já vejo na Grécia tudo o que mais se censura hoje em dia no mundo ocidental: o patriotismo sem controle, o colonialismo, o machismo, o racismo, etc. Não vejo por que tudo o que é extremamente abominável entre nós seria extremamente admirável nos gregos.

capítulo 8
o uno e o múltiplo

M. T.: Será que a uniformização do mundo é um resgate obrigatório para o progresso, o progresso material por um lado, o progresso da consciência e da solidariedade por outro? Estaríamos caminhando rumo a uma única civilização?

R. G.: Acredito que sim. O fato de as sociedades estarem cercadas está ligado às práticas do tipo "bode expiatório". Fechar é sempre definir um lado de fora e um lado de dentro, com golpes de exclusões e expulsões. Por conseguinte, quanto mais essas práticas forem se enfraquecendo, mais a exterioridade retrocede. Na medida em que não há mais vítimas para fechar o social, ele se abre; e segue ampliando-se, caminhando cada vez mais rumo a uma cultura única.

M. T.: Vamos nos manter um pouco mais na teoria antes de voltar a aspectos mais concretos. Sinto certa dificuldade em situar os momentos de diferenciação ou de uniformização no processo descrito pela sua hipótese. No princípio, parte-se de uma massa indistinta – que se diferencia em culturas particulares – e no fim volta-se a um conjunto homogeneizado pela destruição dessas culturas que eram também sistemas de opressão dos indivíduos. É isso mesmo?

R. G.: Sim, mas no princípio, sem os danos provocados pelas rivalidades miméticas violentas, não teria havido diferenciações verdadeiras gerando oposições, sistemas de representação excluindo-se uns aos outros. Teriam florescido apenas formas de diversidade que temos dificuldade em imaginar hoje em dia. Não se deve, então, ver um processo de diferenciação único, mas uma multiplicidade de processos que não dependem necessariamente uns dos outros.

Já no cristianismo, é claro, é outra coisa: de fato existe entre nós uma tendência trabalhando ativamente para a indiferenciação global e para certa unificação do planeta. O que não significa necessariamente o fim de toda e qualquer variedade: a Idade Média cristã foi criadora de diversidade na unidade, quer se trate de línguas, quer de estilos em arquitetura; uma igreja românica do Poitou não se parece com uma igreja românica provençal, etc. A Europa era una e depois os nacionalismos destruíram essa harmonia global.

M. T.: Não sei se é realmente possível dizer que a Idade Média cristã foi criadora de diversidade: a mim me parece que houve mais uma incapacidade de destruir inteiramente a diversidade herdada dos tempos pré-cristãos!

R. G.: A maioria das diversidades cujo desaparecimento o senhor está lastimando vem da Idade Média...

M. T.: Para voltar aos tempos atuais e futuros, será que o senhor quer dizer também que, no interior de uma civilização unificada que seria o termo da evolução humana depois da Revelação, nós poderíamos talvez reencontrar outras formas de diversidade de que nem sequer temos ideia? Substituir, em suma, as diferenças entre civilizações por diferenças entre grupos, entre gerações, etc.?

R. G.: Sim, diversidades na unidade... diversidade de que nem sequer temos ideia aqui em nosso antigo mundo.

M. T.: Essa uniformização não é uma surpresa. Está, com efeito, anunciada explicitamente nos textos fundadores do cristianismo. São Paulo – que recomenda, pois, aos judeus que abandonem a Lei Mosaica, isto é, os seus ritos, a sua cultura – já dizia nas suas epístolas que no reino de Cristo não haveria mais "judeu nem grego, escravo nem livre", mas que todos seriam "um só em Jesus Cristo".

R. G.: Na verdade já se encontra isso quatrocentos ou quinhentos anos mais cedo na Bíblia hebraica, no Antigo Testamento, nas palavras do profeta Joel, um dos "profetas menores" que é o "profeta do Espírito", que anuncia que quando chegar o dia "todos profetizarão, até os escravos e as mulheres". Isso fica bem próximo de Paulo que, aliás, não recomendou aos judeus que abandonassem a lei. Ele disse que não se podia exigir dos gentios que se tornavam cristãos a observância à Lei Mosaica. Não é a mesma coisa.

No que se refere ao abandono dos ritos, é preciso fazer certas distinções. Um dos principais textos seria este: "Portanto, se estiveres para trazer a tua oferta ao altar e ali lembrares de que o teu irmão tem alguma coisa contra ti, deixa a tua oferta ali diante do altar e vai primeiro reconciliar-te com teu irmão; e depois virás apresentar tua oferta" (Mateus 5,23-24).

Não é totalmente antirritualista, mas o rito fica relegado a uma posição secundária. Os profetas são às vezes mais radicais! Cristo repete a palavra de um deles: "Misericórdia quero, e não o sacrifício". A Igreja sabe muito bem que o rito é antes de tudo social: ela está pois no controle de certas prescrições, podendo também cancelá-las, como a alimentação "magra" da Sexta-feira Santa, etc. Na minha opinião, Paulo comenta os Evangelhos de modo muito correto quando diz que "tudo nos é lícito" se o amor estiver presente, mas que "nem tudo nos convém". Não se deve escandalizar os seus irmãos. É melhor, por exemplo, não comer carnes sacrificiais quando se está na companhia de pessoas para quem essa ação é condenável. O fim de todas as leis naquilo que elas têm de fixo, de não adaptável, permanece sendo o fundamento do cristianismo, mas a ideia principal é a de que, quando se ama de verdade, vai-se além das exigências da lei. "Oferecer a outra face" é um bom exemplo desse ir além da lei.

O cristianismo fala sem parar das "forças deste mundo", que são as instituições nascidas do sistema sacrificial. Ele diz que é preciso respeitá-las à medida que não pedirem nada que seja contrário à fé, mas acrescenta que elas estão destinadas a se deteriorar em razão da ação corrosiva da Revelação. As forças são sempre apresentadas como coligadas contra Cristo: a meu ver, não é uma indicação histórica, é uma definição. Essas instituições têm por base o mecanismo vitimário. A teoria das "forças" faz parte da revelação da morada terrestre e da sua violência constitutiva.

M. T.: Por sinal, se levarmos ao extremo esse "antirritualismo", será que a Revelação não anuncia também o fim da própria Igreja?

R. G.: É verdade que os textos do cristianismo mencionam a possibilidade do seu próprio fracasso neste mundo. "Porque virá o tempo em que os homens, levados pelo prurido de escutar novidades, criarão mestres para si. Desviarão os ouvidos da verdade, orientando-os para as fábulas, etc." Caso se tivesse dito aos franceses do século XVII, jansenistas ou jesuítas, etc., que o cristianismo chegaria ao ponto em que se encontra hoje, com igrejas vazias por toda parte, com uma boa porção do clero que não acredita mais senão na sociologia e na psicologia, é óbvio que eles teriam arregalado os olhos.

Contudo, se muitos cristãos ditos progressistas veem no fim da Igreja a plena realização do cristianismo, a bem da verdade os Evangelhos não anunciam nada nesse sentido e dizem, pelo contrário, que "as portas do Hades nunca prevalecerão contra ela" (Mateus 16,18).

Pode-se dizer, certamente, que, se houve uma cultura cristã, ela está muito doente. O processo moderno que destrói as culturas destrói da mesma forma a mais central historicamente, a que anunciou e deslanchou esse processo. As diferentes nações europeias se sucederam para servir à "globalização": começou com os italianos nos séculos XIII e XIV; continuou depois com os espanhóis, os portugueses, os franceses, os ingleses, os alemães, os americanos. Amanhã será possivelmente a vez dos japoneses! Seu cristianismo é meio duvidoso, obviamente... (*risos*), mas nem por isso eles deixam de funcionar daqui para a frente dentro do sistema único!

O senhor fala da variedade das culturas: será que o senhor acredita realmente que essa variedade ainda está presente? É claro que os grupos humanos, as religiões dividem o mundo entre si, há fronteiras, mas o que ainda os separa fundamentalmente, o que nos diferencia dos países muçulmanos? Opções econômicas, métodos educacionais? As culturas já estão unidas na maioria dos conceitos que empregam, no seu sistema de comunicação, nos seus produtos de consumo. Agora temos até uma língua planetária: o inglês.

M. T.: Espere um pouco! Entre ter de se sujeitar a uma uniformização e desejá-la há uma diferença que vai muito além do mero detalhe! Talvez o profeta Joel estivesse anunciando que a unificação dos homens, sua indiferenciação provavelmente progrediria sob o efeito de evoluções vagarosas que poderiam ter sido pacíficas e voluntárias. Mas as epístolas de Paulo se assemelham mais a um programa organizando essa homogeneização, exigindo que se tome providências. Em todo caso é assim que a Igreja as assumiu historicamente, enviando seus missionários lado a lado com soldados e mercadores. Hoje, seu discurso mudou, e ela tenta aparentar mais tolerância: mas, se é que estou entendendo bem, poderia ser unicamente porque não há mais perigo a partir de agora, porque a parte essencial das culturas envolvidas já está destruída! Por que o cristianismo não trouxe o mesmo proveito para os outros povos (africanos, indígenas da América do Sul, sobretudo) que cristianizamos? Será que isso não mostra que a explicação correta para o nosso sucesso não é o cristianismo, e sim mais propriamente a violência colonial que exercemos no passado e continuamos a exercer sobre esses povos?

R. G.: As duas coisas não se excluem reciprocamente! O cristianismo nunca diz que ele vai acabar com o pecado. Deus criou seres livres, capazes de fazer o mal (a violência colonial) e também de fazer o bem (a proteção das vítimas). O cristianismo diz apenas que uma revelação global está em andamento no mundo, cujos efeitos podem ser benéficos ou maléficos, em razão não dos caprichos do sagrado mas do uso que fazemos da nossa liberdade. Só podemos constatar o que se passa, o que a liberdade humana faz das possibilidades que lhe são oferecidas.

M. T.: Mas no final das contas isso significaria que o cristianismo, longe de enunciar um discurso original, fez-se o instrumento de algo inevitável? O mensageiro de Deus ou do Diabo de acordo com o modo de se julgar essa homogeneização dos homens?

R. G.: Há um mal-entendido. Não tenho a menor vontade de defender o que chamamos de indiferenciação das culturas. Estou tão pouco pronto para isso que, diferentemente de tantos outros, não vejo nisso uma fonte de paz e de tranquilidade. Acredito, pelo contrário, que os conflitos do momento atual já estão bem mais enraizados na indiferenciação do que nas diferenças hoje ultrapassadas, que viraram meros pretextos.

O que eu digo é que, mesmo que o estado atual do mundo não seja tranquilizador, mesmo que os homens façam de tudo para transformar a promessa cristã em pesadelo, a saudade tão intensa que o nosso universo sente do arcaico e do pagão me parece ter por base uma ilusão perigosa. Pense nas 20 mil vítimas que os astecas sacrificavam a cada ano! Nas suas cidades, quiçá belas, corria sangue inocente. Nesse momento em que se comemora o aniversário dos quinhentos anos da viagem de Colombo, é de bom-tom esquecer esses horrores; como se esquece, aliás, que a Europa daquela época não era a de hoje: em relação a nós, os conquistadores também eram primitivos. Tanto um grupo quanto o outro fazia parte de um processo histórico que só se pode julgar globalmente. Se o senhor declarar os astecas inocentes, então conceda o mesmo a Colombo. Se o senhor se puser a julgar, condene os crimes dos dois lados e constate que os europeus deram fim a rituais inomináveis!

M. T.: Mas por que os Estados de direito que respeitam os direitos humanos não bastariam para realizar a promessa cristã? Por que é preciso evangelizar todos os povos? Se há gente que não quer ser cristã, se eles veem nisso uma característica branca, ocidental, por que negar essa especificidade?

R. G.: O senhor pensa exatamente como as Igrejas ditas progressistas. Aquilo de que estou falando não depende mais da adesão dos indivíduos ao cristianismo! Os países que não querem ser cristãos não têm o menor constrangimento em comparecer na ONU para nos dizer: "Somos as suas vítimas! Consequentemente, os senhores nos devem alguma coisa!".

Agindo assim, eles usam para conosco de uma linguagem basicamente cristã! Inserem-se por si próprios num universo cristianizado!

A destruição da diversidade cultural é devida menos aos missionários e aos soldados do que à forte atração exercida pelo Ocidente moderno. Mesmo o integralismo islâmico, que parece alargar o fosso entre o mundo cristão e o mundo muçulmano, talvez não passe de uma reação "dialética" ao fenômeno inverso, incomparavelmente mais profundo, que é a entrada do islã no mundo moderno: aliás, o fundamentalismo não é antitécnico, não é antimoderno. Ele nasce da constatação de que a modernização desses países é forçosamente uma imitação do Ocidente: é difícil engolir isso! Então, querem fazer a modernização em nome do valor que distingue, que é o islã!

As pessoas que se opõem a mim com fenômenos como esse para contestar a uniformização do planeta, falando de "retorno do religioso", não estão reconhecendo os sinais de um novo avanço dos princípios fundamentais que provêm do cristianismo.

A arrogância do Ocidente moderno está ligada a essa potência desmistificadora que ele foi o único a possuir por alguns séculos e cuja origem nunca investiga seriamente. Trata-se aí de uma superioridade real, e não se deve negá-la, que é o que se procura fazer na nossa época. O que se deve negar, em contrapartida, é que essa superioridade, por sinal temporária, seja obra nossa e que devamos tal superioridade aos nossos méritos excepcionais. A dessacralização, que no fundo é de origem cristã, veio acompanhada de uma descristianização, de uma perda do *humilitas* dos primeiros cristãos, e o homem ocidental se tornou a presa de uma vaidade cultural da qual ele tem agora uma maior consciência, mas muita dificuldade de se livrar. Por algum tempo ele se tomou por uma obra-prima da natureza de que ele próprio seria o autor. A nossa época tem razão de reagir, mas ela cai depressa no excesso contrário, como sempre acontece nesses casos. De uns trinta anos para cá, temos a obrigação de nos ver como as criaturas mais monstruosas da história. Não é uma verdade maior do que a do orgulho cultural do século XIX. O denominador comum de todos esses excessos é o desejo de minimizar e até de condenar as forças religiosas e culturais às quais devemos a superioridade relativa de que fazemos tão mau uso. No fundo, é porque se idolatra essa superioridade relativa que se acredita ser obrigado a negar sua existência.

M. T.: O senhor falava há pouco de "cultura única". Na verdade, o senhor chega a ser ainda mais radical, falando de "não cultura" para definir o estado social que nos espera. É lógico: se toda cultura se definir pelo conjunto dos seus ritos e se todos esses conjuntos se desagregarem... O senhor diz que, se não podemos definir essa sociedade futura é porque estamos presos no nosso presente sistema de representação. Mas, apesar de tudo, essa "não cultura" me dá calafrios. Não se pode falar abstratamente da morte das culturas, pois elas só existem pelos homens. Marginalizar uma cultura não quer dizer simplesmente parar de cuidar dela, imprimir menos dicionários: isso quer dizer "descerebrar" seus adeptos para quem ela constitui o único acesso ao mundo, ou pelo menos seu acesso privilegiado, aquele que os define; isso significa muito frequentemente matá-los. Olhe a uniformização dos nossos modos de vida, sua americanização, como se diz às vezes, sem ver que, no caso, os norte-americanos talvez sejam as primeiras vítimas em vez de serem os senhores de um processo universal: isso seria uma conquista cristã, uma conquista do Amor? Não seria muito mais a imposição de uma lógica niveladora que nos reduz a todos, não a homens de uma mesma cultura, mas a números de matrícula, a *sub-humanos* sem quaisquer culturas de fato?

R. G.: O que se chama de "uniformização", o fim das diferenças, das culturas particulares, é sempre algo muito ambíguo; é o pior e o melhor ao mesmo tempo, é o sumiço da mensagem, são os fingimentos do Anticristo, é hipocrisia por todos os lados, mas é também sempre mais verdade. Então, não se pode maldizer o mundo de agora, nem tratá-lo com nostalgia. O único humanismo possível, hoje, consiste em pensar esse pior e esse melhor juntos, até o fim: nota-se então que estamos tomando parte numa obra incrível que nos transcende de todos os lados. Não se vê claramente seus desdobramentos nem suas repercussões, mas se pode esperar que não se trata somente da morte de uma civilização. O "sofrimento mimético" de alguém que ganha seu sustento normalmente e tem inveja do bilionário ao lado não é, claro, da mesma ordem do que o das pessoas que morrem de fome nos períodos de escassez de alimentos durante a Idade Média. Não se deve adorar a tecnologia, mas não se deve tampouco amaldiçoá-la. Só a moderação pode prestar serviço; o equilíbrio e a sabedoria.

M. T.: Vou lhe expor uma teoria diferente da sua, e o senhor reagirá a essa exposição. O senhor diz que é a

Revelação cristã que desencadeia essa uniformização para o bem. E se fosse mais propriamente para o mal, uma espécie de bicho-papão fêmea que devorasse homens e culturas? Um bicho-papão fêmea que se poderia chamar a Lógica, que deseja apenas multidões homogêneas para ter sobre elas uma gestão (palavra totalmente moderna) imediata, a partir da observação de um só de seus indivíduos idênticos. Esse bicho-papão fêmea substituiria sutilmente todas as filosofias ou religiões universalistas tão logo elas se tornassem majoritárias. Assim, o socialismo ou o cristianismo seriam autenticamente bons enquanto representassem a esperança de uma minoria de oprimidos (o direito à revolta do indivíduo contra o poder dos pais), mas se tornariam, por sua vez, máquinas de "descerebrar" ("desculturar") assim que tivessem adquirido o poder. Uma prova desse processo poderia se ler nessa "não arte" do nosso *design*, da nossa arquitetura moderna: os cubos, os paralelepípedos de nossos prédios não são a arte de civilização alguma; é a "não arte" da lógica, o grau zero da necessidade (ter moradia); quando se faz homens entrar aí dentro (árabes, portugueses, franceses), na saída se obtém só uma série de operários qualificados, idênticos... Da mesma forma, os hambúrgueres que conquistam o planeta não são feitos do saber culinário de povo nenhum; são apenas uma dose de calorias. A Lógica teria roubado a Terra ao Homem. Essa teoria pessimista não dá margem à acusação de etnocentrismo que se pode apresentar contra o seu otimismo.

R. G.: O verdadeiro problema é que, para o senhor, Deus não tem sentido fora da relação Dele com a sociedade. O que estou tentando lhe dizer é que mesmo o que há de pior na nossa sociedade permite entrever um

Deus infinitamente transcendente em relação a tudo isso, mas que, apesar de tudo, interessa-se por nós, esforça-se em nos ajudar a nos aproximar Dele. Não se pode responsabilizar a Revelação cristã pelos maus usos que se faz dela.

M. T.: Minha hipótese diz, por um lado, que a uniformização das culturas é ruim, é uma perda, e por outro que, sem Cristo, teríamos assistido ao mesmo fenômeno.

R. G.: Sem dúvida, mas então não haveria mais esperança. Prefiro pensar que é ao desmoronamento do sistema de Satanás que estamos assistindo. Antigamente Satanás "encadeava" a si próprio na ordem sacrificial. Então, o fim de Satanás e o fim do seu autoencadeamento não significam o seu desaparecimento, mas literalmente o seu "desencadeamento". Satanás sempre segue Cristo. Há uma relação complexa entre ambos. Ter fé é pensar que, em última instância, tudo isso tem um sentido, é confiar não na História, mas no Absoluto. O inimigo principal é o niilismo, e o que o senhor acaba de dizer tende para ele.

É contra o niilismo que é preciso lutar se o que se quer é lutar pelo homem, não é verdade?

Para permanecer humanista hoje em dia, é preciso voltar a ser religioso. Se Malraux anunciou de fato algo como: "O século XXI será religioso ou não será", é a minha interpretação desse dito que estou lhe dando.

M. T.: Destruir o que havia de opressivo nas culturas, talvez. Mas uma cultura é também uma língua, uma arte, uma visão do mundo: existe um só indivíduo sem cultura?

R. G.: Não, acho que não, de fato.

M. T.: Não haveria também necessidade de certos ritos para se sentir membro de um grupo? Por que não existiriam ritos inofensivos, simples hábitos de vida?

R. G.: Eles existem. Os rituais sociais são também ferramentas do amor. Mateus mostra muito bem que o casamento, a monogamia indissolúvel, é um progresso sobre o repúdio das esposas pelos esposos. Basta abrir os olhos para ver que nada mudou. De certa forma, os hábitos de trabalho são ritualistas. Outro setor onde o rito e os "bons hábitos" são indispensáveis é o da criação. A civilização e a cultura são impossíveis sem repetição regrada. É exatamente por isso que a fórmula de Trótski, "a revolução permanente", não é só o cúmulo da revolta metafísica, é uma grande asneira. Todos os criadores sabem disso.

M. T.: Esses "hábitos" de que o senhor fala, essas cores locais, tingiram até o próprio cristianismo, e a Igreja hoje não se proíbe de falar aqui ou ali em "aculturação". Historicamente isso às vezes ocorreu sozinho, essa fusão entre o cristianismo e as culturas locais. O mais interessante, por sinal, é o sentido contrário. Assim, pôde-se notar a extrema facilidade com a qual o Ocidente druídico acolheu a mensagem cristã: como se ele estivesse no seu aguardo, como se esses povos tivessem percorrido por si o caminho rumo aos mesmos valores universais. Não houve um só mártir cristão nesses países e foram os monges irlandeses que afinal asseguraram a conversão do continente europeu ao cristianismo. Tanto que se pôde dizer que, sem a participação desse mundo celta, o cristianismo talvez tivesse permanecido apenas como uma heresia judia...

R. G.: Acerca dos diálogos frutíferos ou fracassados do cristianismo com as demais culturas haveria ainda muitas outras coisas para contar. Seria possível lembrar esse século XVI japonês em que o número dos cristãos conseguiu chegar a 100 mil, antes que o poder imperial decidisse precisamente fechar o país diante dessa ameaça. Num filme de Kurosawa, veem-se missionários abençoar os guerreiros que estão de partida para a guerra... No século XVIII também, missionários jesuítas que tinham ido à China e se tornado íntimos do imperador retornaram para junto do papa com a seguinte mensagem: "O imperador está pronto para se converter, e todo o seu povo com ele, se lhes for permitido conservar o culto aos ancestrais". É um dos momentos mais prodigiosos da história do mundo.

M. T.: E então? Pelo visto isso não deu em nada!

R. G.: O papa concluiu que seria contrário ao cristianismo e disseram-lhes não.

M. T.: O senhor acha que o tal papa teve razão?

R. G.: Não sei.

M. T.: Eu gostaria de insistir num dos pontos mais perturbadores da sua teoria e dos textos cristãos, que por sinal já mencionamos em nossa apresentação panorâmica, no início desta conversa: a Revelação não diz nada do futuro para o qual ela está nos lançando...

R. G.: Cristo diz com clareza que "quanto à data e à hora, ninguém sabe, nem os anjos no céu nem o Filho, somente o Pai". E João: "Não sabemos o que está reservado aos eleitos".

Entretanto, diante das pessoas que nos dizem "estamos perdidos na matéria" ou "numa história que não faz sentido", pode-se revidar: "Não, olhem o que está acontecendo e que cresce a cada dia, que saiu desse Texto como o gênio da lâmpada. Não se trata de predizer o futuro, mas de mostrar que o nosso presente excepcional é incompreensível sem o cristianismo".

M. T.: Estou me sentindo tentado a arriscar uma metáfora biológica... O mais belo mecanismo da vida, a concepção de uma criança, a gravidez, pode mudar para uma bomba aterradora no corpo de uma mulher quando alguma coisa dá errado, quando por exemplo as trompas estão obstruídas e o ovo fecundado não consegue chegar ao ninho uterino normal: ele se desenvolve assim mesmo, onde quer que se encontre, estraçalhando tudo ao seu redor. Tem-se a impressão que, depois da passagem de Cristo, a Terra por sua vez está grávida dessa Revelação de que o senhor fala, que deverá eclodir custe o que custar.

Essa formulação me possibilita disparar contra o senhor o terrível argumento que vem a seguir (*risos*): se estou entendendo de forma correta, a unificação da humanidade é um processo divino ou pelo menos sobre-humano. Não se pode opor-se a ele: caso se veja nele o bem, por ser divino; caso se veja nele um mal, por ser "natural", como a violência dos vulcões ou dos terremotos. Não é interessante, então, querer a unidade da humanidade, pois ela se faz por si só. É preciso manter a diversidade que está, ela, sim, ameaçada: só a diversidade é humana.

Passo-lhe a palavra!

R. G.: Concordo, mas será que "manter a diversidade" pode se tornar um empreendimento concreto para indivíduos como nós? Na nossa época é muito difícil não pensar o religioso somente em termos de vantagens e de desvantagens sociais. É reduzi-lo ao utilitário e fazer do social o nosso verdadeiro deus. A despeito de meu interesse pela sociedade, oponho-me a essa tendência. Procuro mostrar que o mundo atual é impensável sem o cristianismo. E ponto final. Faço isso com um fim mais apologético do que político ou social.

O nosso mundo reflete o cristianismo na infidelidade, talvez à maneira daquele indivíduo nos Evangelhos que é libertado do demônio que o possuía, mas que não vê que é uma oportunidade para dar à sua existência um conteúdo positivo, e o demônio se aproveita disso para se reinstalar na sua antiga morada, acompanhado por sete outros confrades, todos ainda mais malvados do que ele. Esse homem simboliza justamente as gerações que ouviram mal a Boa Nova. É preciso tomar cuidado para não se parecer com ele. Mas não se deve responsabilizar o cristianismo pelos sete demônios adicionais que investem contra nós.

M. T.: Nas sociedades primitivas, a crise mimética culmina numa fase de indiferenciação insuportável que se resolve pela violência do sacrifício. Do mesmo modo, no âmbito mundial, se na época de Cristo o planeta estava muito diferenciado, hoje a Terra está se unificando a olhos vistos: não estaríamos nos aproximando de uma crise mimética e, consequentemente, de sacrifícios em escala planetária?

R. G.: Talvez, mas não necessariamente. Para mim, a crise mimética que vivemos é muito diferente daquela das sociedades primitivas: ela não pode se resolver porque tampouco pode se desenfrear no sentido em que se desenfreavam as crises verdadeiramente produtoras de mitos e de rituais. Mesmo que ele não nos tenha imunizado contra o mimetismo e mesmo que regressões sempre sejam possíveis, o mundo cristão e moderno elevou muito o nosso "limiar de desenfreamento"; as nossas sociedades quase não estão mais sujeitas a fenômenos de possessão coletiva, etc. Estamos sempre num lugar intermediário que constitui, talvez, a definição da História aberta.

M. T.: Deixa de ser um ciclo de eterno retorno?

R. G.: O eterno retorno chegou ao fim com o paganismo. É exatamente por isso que os neopagãos Nietzsche e, sobretudo, Heidegger se esforçam para ressuscitá-lo. Quando Heidegger dizia ao *Spiegel*: "Só um deus pode nos salvar", não é ao Deus da Bíblia que ele se referia, mas a um novo Dioniso, a uma renovação cíclica total. Na minha opinião, é pura quimera, mas que poderia ser perigosa caso houvesse gente para levá-la a sério.

O cristianismo desfaz para sempre o eterno retorno. Vai afrouxando a sua pressão, mas muito lentamente. É por isso que as grandes obras pagãs, como a tragédia, conservam certa força simbólica no nosso universo. Poder-se-ia descrever a nossa história como uma espiral aberta na parte superior, para uma outra dimensão que não é mais circular. Essa abertura é a nossa liberdade, e os homens farão dela um uso que ninguém pode prever.

M. T.: Para resumir, segundo o senhor, estamos indo rumo a um estado cada vez mais indiferenciado. Mas há duas possibilidades:

– ou voltamos para a indiferenciação das origens, à massa, ao inferno, à morte, até mesmo ao nada pelo aniquilamento geral;

– ou é o Paraíso que nos aguarda, mas como esse futuro está ainda fora de nosso sistema presente de representação, não conseguimos dizer o que ele será.

No início da nossa conversa, o senhor fez a observação de que bastariam alguns homens de boa vontade ocupando uma posição adequada para "recolocar a humanidade no caminho reto", convencer os ricos a alimentar os pobres, etc. A dificuldade é reverter o mimetismo, pô-lo a serviço do bem e não mais do mal: seria preciso que muitas pessoas, que todo mundo mudasse, tornando-se bons e caridosos ao mesmo tempo...

R. G.: Não haveria nada mais fácil se quiséssemos: mas não queremos. Compreender os homens, seu paradoxo constante, sua inocência, sua culpabilidade é compreender que somos todos responsáveis por esse estado de coisas, já que, diferentemente de Cristo, não morremos por isso.

M. T.: A história de Babel, na Bíblia, deixa-me perplexo: a variedade das línguas aparece como um castigo aos homens; sua concessão, como uma manobra destinada a enfraquecê-los, tramada por um Iahweh com inveja do poder que sua unidade lhes confere...

Prefiro não ir tão longe e considerar a variedade das culturas um dado originário, uma dádiva de Deus, se quiser. Será que a mensagem do Deus único não poderia ter sido que ele tencionava amar todos os seus filhos igualmente, tais como eram em sua diversidade?

R. G.: Tal era de fato a sua mensagem. Não é culpa Dele se nós o traímos. O senhor está me forçando a repetir sempre a mesma coisa.

M. T.: Quando os gerasenos pedem a Cristo para ir embora, para deixá-los continuar vivendo em sua cultura, eles talvez não estejam errados, na medida em que Cristo podia desencadear entre eles catástrofes mais graves, mais violentas que os seus demônios corriqueiros...

R. G.: Mas Cristo vai embora; Ele não fica.

M. T.: Eu queria ouvi-lo dizer isso: eis exatamente um caso em que o próprio Cristo vai embora. Ele os deixa pagãos no final das contas, Ele os deixa na diferença deles.

R. G.: Mas é porque *a hora* de Cristo ainda não tinha chegado para os gerasenos. Isso não quer dizer que eles não precisassem do Salvador. Por trás do tratamento a que submetiam seu possuído, perfila-se uma imagem da sua vida coletiva que me parece um tanto sinistra. O senhor os idealiza muito. Não creio que o senhor trocaria sua sina pela deles. E por que insiste em querer fazer com que o cristianismo seja nivelador? Ao tornar os bodes expiatórios menos eficazes ou ineficazes, ele facilita a comunicação entre mundos cada vez menos fechados. Mas não é que ele queira que esses mundos sejam os mesmos. É o nosso mimetismo. Não é ele que exige de nós, franceses, a imitação do pior dos Estados Unidos e, ao mesmo tempo, indiferença para com o melhor. Não foi ele que inventou o espírito de conquista e de dominação...

M. T.: É claro, mas ele até que se adaptou a isso sem grandes problemas, ele inclusive tirou proveito disso para sua própria expansão...

R. G.: Não é ele que faz de nós os turistas frenéticos que somos, firmemente determinados a consumir o planeta inteiro para nos vangloriar na volta de ter viajado mais que os nossos vizinhos. O turismo também é mimético e indiferenciador.

M. T.: Então, apesar de tudo, o senhor fica acessível a certa forma de nostalgia?

R. G.: Sou sem dúvida muito mais saudosista do que pensa. Posso até mesmo admitir que nos meus livros denunciei demasiadamente os sistemas sacrificiais. A sua função era conter o desencadeamento da violência, por conseguinte substituir uma possível violência generalizada por uma violência de menor tamanho, a dos sacrifícios. Não glorifico a história atual, a evolução do mundo em direção a uma homogeneização; porém, digo que ela tem um sentido: os mecanismos do tipo "bode expiatório" não funcionam mais; portanto, a nossa história tem aspectos positivos tanto quanto negativos.

M. T.: Tudo tem um sentido, até a superpopulação, até a Aids?

R. G.: Certamente, isso tem um sentido. A Aids nos lembra de que os interditos sexuais dos mundos primitivos tinham suas razões de ser. O mesmo se dá com o Decálogo, cujos princípios são às vezes apresentados como opressivos: eles estão ligados à natureza humana.

M. T.: O senhor nos apresenta a uniformização como um preço a ser pago para um mundo melhor, um bilhete de entrada para o Paraíso... Mas há pessoas que estão justamente saindo da uniformização: e era um pesadelo! Os cidadãos dos países do Leste Europeu, que eram todos indistintamente soviéticos durante o sono forçado de suas liberdades, acordam singularizados, russos, ucranianos ou armênios. Para eles, isso faz parte da sua liberdade recuperada!

R. G.: Eu não apresento nem a uniformização nem qualquer outra coisa como um preço a ser pago para o que quer que seja. Aí é que o senhor se engana. Não há nem transação nem negociação entre o religioso de um lado e o histórico e o social do outro. É uma visão utilitarista do religioso que o faz ver as coisas assim. A uniformização é a busca de diferença, ela se toma por uma diferença, pois é fonte de conflitos. Por exemplo, o modo pelo qual nós, os intelectuais, procuramos nos diferenciar uns dos outros, inventando sem parar algo pseudodiferente, revoltas ainda mais radicais que as anteriores, desemboca em modas vanguardistas sempre mais copiadas, sempre mais repetitivas. Em cem anos, o imperativo da originalidade a qualquer custo matou a criação.

Eu perguntei recentemente a uma estudante croata de Stanford o que a diferenciava dos sérvios. Ela respondeu:

> – Nada!
> – Mas, apesar de tudo, eles são ortodoxos e vocês católicos!
> – Isso não tem a menor importância!
> – Mas o que é que tem importância?
> – Nada! Com exceção do fato, justamente, de que somos os mesmos!

Ora, então a intensidade dos conflitos não tem nada a ver com a realidade das diferenças...

É uma reação de medo diante da evidência dos fenômenos globais que leva as pessoas a se agarrarem a características locais: que significação o senhor acha que possa ter isso, o propriamente local, nos Estados Unidos, um país onde a maioria da população muda de domicílio a cada cinco anos?

(*Uma pausa*) O que o senhor propõe? Que a gente vista trajes provençais e toque gaita? (*risos*)

M. T.: Que pelo menos a gente tente, por exemplo, salvar esses tesouros que são as nossas línguas, nem que seja pelo prazer que proporcionam: eu não incluo a dimensão propriamente política no meu apego ao bretão. Mas gosto de pensar que falo a língua de Tristão e de Lancelote: que, melhor do que Béroul ou Chrétien de Troyes – que foram apenas contadores das façanhas deles –, sinto intimamente o modo como eles pensavam! Essa viagem interior vale tanto quanto uma estadia no Club Med!

R. G.: A Bretanha é um caso à parte, mas, quanto ao restante da França, a autenticidade regionalista é historicamente suspeita. Os costumes regionais que os norte-americanos tanto apreciam no mundo inteiro não são muito mais do que adaptações provincianas de modas parisienses que se estancaram para sempre na época romântica pela vontade moderna do pitoresco folclórico. Qual é a relação entre a Provença autêntica e as modernas residências de campo que se espalharam pelo Luberon? No tocante às línguas, receio que o francês tenha perdido a batalha... O mundo fala inglês, e até na França o inglês vai se infiltrando no mais alto nível, nos institutos de pesquisa e nas publicações científicas.

Os filósofos críticos da modernidade demonstraram que os direitos humanos, inventados para pôr fim a determinadas opressões, recriaram outras no seu lugar: os asilos, as prisões, etc.; veja as teses de Michel Foucault, por exemplo. Certos intelectuais defendem a tese de uma perversidade particular do Ocidente, segundo eles, hábil em fazer discursos liberadores para firmar melhor sua dominação. Mesmo que fosse verdade, seria impossível provar, primeiro por falta de pontos de comparação: nenhuma sociedade antes de nós investigou os mecanismos sacrificiais. Logo, o que se revela assim é a tenacidade desses mecanismos. Elimine-os aqui, eles reaparecem ali. O interesse central da obra de Foucault é tê-lo mostrado. Um dia ele me disse que "não se devia fazer uma filosofia da vítima". Eu lhe respondi: "Não uma filosofia, de fato, uma religião!... só que ela já existe!".

Foucault entendeu o que o racionalismo otimista não previa: novas formas de "vitimação" se desenvolvem constantemente a partir dos instrumentos destinados a eliminá-las. É o seu pessimismo que me separa dele: contrariamente a ele, penso que os processos históricos têm um sentido e é preciso assumi-lo, do contrário cai-se no desespero absoluto. A adesão a esse sentido, hoje, depois do fim das ideologias, só pode ser a redescoberta do religioso. Claro que, da mesma forma que os mecanismos vitimários não param de renascer, o fermento cristão está sempre presente para subvertê-los: no nacionalismo humanista do iluminismo no século XVIII, por exemplo. Quando Voltaire defendia o protestante Calas perseguido, ele era mais cristão que os padres católicos que se opunham a ele. O seu erro era acreditar demais na sua própria perfeição, de achar que a equidade de seu engajamento se devia ao seu próprio gênio. Ele não enxergava nem um pouco o que devia ao passado que se estendia atrás dele! Eu respeito a tradição, mas não justifico a História...

M. T.: É claro que o senhor a justifica, sim!

R. G.: Eu tento mostrar que há sentido onde a tentação niilista dos dias de hoje tende a ficar por cima. Eu digo: há uma Revelação, e os homens estão livres para fazer dela o que bem entenderem! Mas ela também sempre ressurgirá! A força dela é maior do que a deles! E, como vimos, ela é até mesmo capaz de colocar, por sua vez, os fenômenos miméticos a seu serviço, já que atualmente há concorrência para ver quem terá sido mais "vitimizado" que o vizinho! Ela é perigosa! É o equivalente espiritual da potência nuclear.

O mais lamentável é esse cristianismo mediocremente modernizado que se ajoelha diante do pensamento contemporâneo no que ele tem de mais efêmero. Os cristãos não veem que eles têm ao seu dispor um instrumento incomparavelmente superior a todas as psicanálises e a todas as sociologias que engolem com diligência. É sempre a história do direito de morgadio sacrificado por um prato de lentilhas.

Todos os modos de pensar que serviram antigamente para demolir o cristianismo estão, por sua vez, desacreditados por versões mais "radicais" da mesma crítica. Não é preciso refutar o pensamento moderno pois, ao passar de recrudescimento em recrudescimento, ele se autoliquida a toda a velocidade. Os estudantes acreditam nele cada vez menos, porém nos Estados Unidos, sobretudo as autoridades consagradas, os decanos, os altos executivos e chefes de departamento, acreditam nele ferrenhamente. Trata-se, com frequência, de antigos militantes do movimento de 1968, que se converteram em funcionários administrativos das universidades, da mídia ou da Igreja.

Os cristãos permaneceram por muito tempo protegidos dessa roda insana e quando, finalmente, mergulham nela, eles se reconhecem pelo ardor ingênuo da sua fé modernista. Têm sempre uma volta de atraso no circuito dessa corrida. Escolhem sempre os navios que os ratos estão abandonando.

Eles esperam assim recuperar as multidões que desertaram de suas igrejas. Não entendem que a última coisa que pode atrair as massas é uma versão cristã do laxismo demagógico no qual estão imersas.

Hoje se pensa que as comédias sociais entre indivíduos, entre grupos, são mais indispensáveis que o pensamento. Pensa-se que há verdades que não convém dizer. Nos Estados Unidos tornou-se impossível ficar bem consigo mesmo sendo cristão, branco, europeu, sem correr o risco de ser acusado de "etnocentrismo". A isso eu respondo que os incensadores do "multiculturalismo" dão, pelo contrário, continuidade à mais pura das tradições ocidentais. O Ocidente é efetivamente a única civilização que censurou a si própria, justamente nesse sentido! A capital dos incas levava um nome que significava, se não me engano, "o umbigo do mundo". Os chineses sempre se vangloriaram de ser "o império do meio", e não são os únicos. Todos os povos sempre viveram muito confortavelmente no etnocentrismo mais exaltado, com exceção dos ocidentais, desde *Os Ensaios* de Montaigne[1] ou até mesmo antes.

A melhor literatura do século XVIII é o "Como se pode ser persa?",[2] de Montesquieu, e todo conto filosófico que vem atrás, isto é, a sátira do provincianismo cultural hoje denominado com pedantismo "etnocentrismo". Não estamos acrescentando grande coisa a Voltaire nesse particular, mas ele em compensação poderia nos dar muitas lições.

---

[1] Ver em especial "Dos Canibais", *Os Ensaios*, I, p. 31 (1580).
[2] Alusão à frase célebre das *Cartas Persas*, de Montesquieu, livro publicado em 1721. Na primeira edição, o autor se manteve anônimo, porém rapidamente sua autoria foi descoberta. (N. T.)

Desde o Renascimento, a cultura ocidental se definiu sempre sistematicamente contra si própria: primeiro a favor dos antigos contra os modernos; depois, contra o civilizado a favor do primitivo; em seguida, na época romântica, a favor do exótico contra o costumeiro, etc. Muita gente na nossa época acredita estar rompendo com as tradições quando, na verdade, só as está reproduzindo, sem a elegância dos seus antepassados.

Muito impressionado com o seu papel de bode expiatório, o Ocidente denuncia a si mesmo como a pior das sociedades. Não estaríamos chegando a uma época em que o Ocidente desempenharia até certo ponto, com relação ao planeta em seu todo, o papel que os judeus desempenharam com relação aos cristãos?

M. T.: Não creio que o senhor possa dizer isso com tamanha simplicidade. O Ocidente é rico, poderoso e o restante do planeta está mais para pobre; o senhor é o primeiro a invocar as realidades materiais quando se trata de constatar os progressos da história. Os judeus, por seu lado, nunca estiveram no poder no Ocidente cristão. E, inversamente, nunca denunciaram a sua própria cultura...

Mas, já que o senhor tocou no assunto, vamos em frente! Sem esquecer as terríveis perseguições de que eram alvo, como o senhor explica o "sucesso" dos judeus? Mesmo que eles nos tenham oferecido alguns dos nossos mais belos valores universais, nenhum povo é, num certo sentido, menos universalista. Não se pode convertê-los, mas além disso eles mesmos convertem ainda menos! O "povo eleito" significa também o "povo fechado". Ora, para nem sequer mencionar sua posição na economia liberal internacional, eles têm aproximadamente 0,3% da população mundial, obtêm por volta de 30% dos prêmios Nobel científicos! A despeito de seus 2 ou 3 mil anos de perseguições, eles até que se saíram bem recusando a uniformização cristã!

R. G.: O que o senhor chama de uniformização cristã não existe. Ou, se existe, está ligada a algo que já existia entre os judeus. Não esqueça que os judeus eram acusados de ateísmo pelos povos que os cercavam. Os judeus são de fato o povo eleito. Na Epístola aos Romanos, São Paulo afirma que a eleição do povo judeu é irrevogável. A história, no seu sentido mais concreto, tem um papel fundamental. Basta ler a Bíblia para compreender que, apesar do seu "fechamento", Israel teve dificuldade para se livrar dos sacrifícios de crianças, da prostituição sagrada, do tipo de religião que reinava por toda parte à sua volta, no Oriente Médio e no mundo inteiro. Quanto mais os etnólogos "politicamente corretos" negam as violências primitivas, mais as vítimas desenterradas pelos arqueólogos contradizem seu "neorrousseaunismo" extasiado. Os textos básicos do cristianismo insistem no fato de que todas as potências deste mundo se coligaram para matar o Cristo. Os Atos assinalam a responsabilidade da humanidade em seu todo ao fazer o Salmo 2 ser citado por Pedro e João e ao fazê-los em seguida comentar:

> Por que esta arrogância entre as nações
> e estes vãos projetos entre os povos?
>
> Os reis da terra apresentam-se
> e os governantes se coligaram de co-
> mum acordo contra o Senhor, e contra o
> sem Ungido.

> De fato, contra o teu santo servo Jesus, a quem ungiste, verdadeiramente coligaram-se nesta cidade Herodes e Pôncio Pilatos, com as nações pagãs e os povos de Israel.[3]

O que faz a importância desse texto é o caráter assassino atribuído a todas as culturas, sem exceção, com relação ao verdadeiro Deus. Esse texto reafirma a universalidade dos assassinatos fundadores que aqui estão todos representados pela Paixão. É o gesto humano por excelência, esse de fazer deuses matando vítimas e, cada vez que fazem isso, os homens alargam um pouco mais o fosso que os separa do verdadeiro Deus, eles participam do seu assassinato.

A Paixão não é nem mais nem menos "culpada" que todas as outras mortes do mesmo tipo "desde a fundação do mundo". Os judeus não são nem mais nem menos culpados que nós todos. Mas a Paixão é o primeiro assassinato fundador a ser enfocado num relato não mítico, um relato objetivo, realista, histórico, um relato dando a ver os efeitos do mimetismo.

Em vez de nos dizer que a vítima merecia o que lhe aconteceu e que os assassinos agiram bem, expulsando-a – o que fazem os mitos fundadores, repito, já que neles sempre se afirma que os bodes expiatórios são verdadeiramente responsáveis por todas as pestes e catástrofes as mais diversas, em outras palavras, que eles não são bodes

---

[3] Atos dos Apóstolos 4,25-27.

expiatórios e, sim, sem sombra de dúvida, malfeitores perigosíssimos – os Evangelhos clamam aos quatro ventos a inocência de Jesus e de todas as vítimas do mesmo tipo.

Os Evangelhos afirmam, pois, a culpabilidade dos judeus tanto quanto a dos pagãos. E os seus únicos predecessores nessa afirmação são os livros proféticos judaicos, que contam seguidamente as violências padecidas pelos profetas. Eis por que Jesus diz que vai morrer "como os profetas antes Dele". Basta ler o relato da morte do "Servo Sofredor" em Isaías, ou o dos sofrimentos de Jó ou o de Jeremias, ou da aventura de Jonas, ou a história de José, para ver que os bodes expiatórios inocentados já se encontram no Antigo Testamento.

Uma vez que se aceitou o cristianismo, a única maneira de descartar a Revelação e de não enxergar que ela põe todas as culturas humanas em questão, todos os seres humanos sem exceção, é culpar os judeus. Foi o que os cristãos fizeram sem parar desde que se afastaram dos judeus. Eles devem então reconhecer seus erros, que são bem grandes. O antissemitismo cristão não é um exemplo entre outros tantos de religiocentrismo ou de etnocentrismo: é uma deficiência com relação à Revelação.

E ela coincide plenamente com a incapacidade dos leitores cristãos de identificar nas Sagradas Escrituras a revelação das vítimas fundadoras e dos sistemas sacrificiais daí decorrentes, dos quais ainda somos devedores pelo efeito do nosso repúdio do religioso que desempenha o mesmo papel do que antigamente a leitura antijudaica de certos textos essenciais.

Quanto ao que o senhor chama de "sucesso" econômico dos judeus, sem dúvida, ele pode ser parcialmente explicado pelo fato de que a Bíblia é, como dissemos, um trajeto entre o sacrificial e o não sacrificial, de que ela comporta numerosos textos que já antecipam os Evangelhos. Em certo sentido, eles estão 2 mil anos adiantados! Veja a que ponto os judeus da Idade Média estavam liberados do pensamento mágico em comparação com os cristãos! A sua superioridade intelectual vem daí. As suas tradições são há muito tempo propícias ao estudo, ao exercício do pensamento crítico.

capítulo 9
a democracia

M. T.: A democracia?

R. G.: Gosto bastante da definição de Churchill: "É o pior regime, com exceção de todos os demais".

M. T.: A democracia tem lá as suas injustiças. As crianças das famílias abastadas têm muito mais chances de se tornar grandes industriais, grandes artistas, ou até grandes pensadores, defensores dos pobres, do que os que nascem pobres: porque terão tido pais cultos, porque sua fortuna pessoal lhes deixará mais tempo para refletir e criar. Apesar de eu próprio ter uma origem modesta, vou levar mais adiante ainda a provocação: infelizmente muitos pobres que se tornaram poderosos, os dirigentes comunistas, por exemplo, ou Hitler, comportaram-se muito mal, por ressentimento, por desejo de vingança. Em suma, é preciso aceitar como um mal necessário esse tipo de injustiças: que mundo decepcionante! Será que essa espécie de reflexão desperta uma reação no homem de fé que o senhor é?

R. G.: É até certo ponto o que eu digo dos Estados Unidos: talvez seja melhor votar nos republicanos, porque eles já são ricos! (*risos*) Lembro-me da minha infância em Avignon. Meus pais pertenciam à velha burguesia empobrecida. Meu pai era curador do museu da cidade. Vivíamos num bairro mais popular, meus colegas do segundo grau eram filhos de assalariados. E a maioria acabava conseguindo seu diploma de conclusão e subindo alguns degraus. Dentre as diversas sociedades que eu acredito conhecer, a república francesa não tem uma colocação das piores sob o aspecto da ascensão social. Tradicionalmente, a América é ainda mais aberta e as possibilidades de fundar uma empresa sem capital inicial são muito superiores às da França e de toda a Europa. Mas nos períodos de crise, as coisas podem se tornar muito difíceis.

M. T.: De fato, creio que na França a escola não nos ensina realmente em que tipo de sociedade vivemos. Prepararam-me para toda espécie de concursos, eu sabia que poderia ser executivo ou funcionário ou empregado ou operário – em suma, assalariado, como os meus professores! –, mas ninguém jamais me disse que a coisa mais normal, na sociedade em que vivo, seria criar a minha própria empresa; e, bem entendido, me explicaram menos ainda como fazê-lo. E isso deveria ser ensinado na escola primária, já que é a nossa lei, é a lei do mundo inteiro: estaríamos, talvez, menos engessados nos mercados mundiais! Nos seus textos, o senhor defende seguidamente o caráter democrático do direito inglês: o senhor está tão certo de que a Inglaterra é um país tão democrático assim? Ela tem também certas facetas terrivelmente reacionárias e brutais. A colonização da Irlanda não é propriamente um momento de lazer e diversão. Ainda hoje há lordes que possuem ilhas inteiras do tamanho de meio departamento francês, de onde chegaram a expulsar os homens, no fim do século XIX, para dar preferência aos carneiros: assim foi povoada a Austrália! Todos os bairros ricos do centro de Londres pertencem a uma só pessoa e os seus habitantes não podem comprar a sua moradia!

R. G.: Não discordo. Mas é o modelo inglês de democracia que, apesar de tudo, está triunfando em todo o planeta, por intermédio da América seguramente, e a América reagiu energicamente contra os aspectos aristocráticos de que o senhor fala. O modelo é tão maleável, tão pouco "cartesiano", no mau sentido da palavra, que suporta toda espécie de transformações sem perder suas virtudes. Na própria França, a redescoberta, ou melhor, a descoberta – oh! quão tardia! – de Tocqueville, é um sinal da influência desse modelo que vai carcomendo cada vez mais o jacobinismo autóctone, não apenas na opinião pública, mas também nos costumes políticos e administrativos. Como essa evolução se dá por intermédio de discípulos franceses de primeira linha, precisamente o caso de Tocqueville, não se sente que é uma importação estrangeira. Esse modelo não implica nenhum sistema econômico específico. O que estou dizendo não é uma defesa do "liberalismo selvagem".

M. T.: Um amigo judeu chamou um dia a minha atenção para o fato de que no Decálogo se tratava, mais do que dos direitos, dos deveres do Homem.

R. G.: É também o argumento de Simone Weil em *O Enraizamento*. E foi um grande tema dos partidos católicos conservadores desde a Revolução Francesa até o regime de Vichy. Vichy, é óbvio, insistia muito na prioridade dos deveres sobre os direitos.

Foi só desde a última guerra e, principalmente, há mais ou menos um quarto de século que todo o mundo aderiu aos direitos humanos. E não é nada difícil entender por quê. O tema é unificador, e no fundo coincide com o dos direitos das vítimas em potencial, que são estipulados contra os governos, contra a coletividade, as maiorias, os quais podem vir a se mostrar opressivos para com indivíduos ou minorias, ou até levá-los à morte. Não devem, porém se tornar um pretexto para privilégios sem fundamento. Nos Estados Unidos aceitou-se o princípio de cotas para favorecer as minorias nas escolas, geralmente as minorias negras. Esse sistema se volta então contra as outras minorias... Mas não quero comentar realidades muito diretamente políticas.

O tema dos direitos humanos se tornou a principal marca da nossa singularidade no tocante à proteção das vítimas. Ninguém antes de nós jamais havia afirmado que uma vítima, mesmo que condenada por unanimidade pela sua comunidade, pelas instâncias que exercem sobre ela uma jurisdição legítima, poderia ter razão contra essa unanimidade. Essa atitude extraordinária só pode provir da Paixão interpretada segundo a perspectiva evangélica.

M. T.: O senhor não quer falar de política, mas o que diz não está isento de consequências políticas, práticas, reais...

R. G.: É, mas elas não podem se definir em termos ideológicos. O senhor poderá concluir que é preciso abrir imediatamente todas as portas, eliminar todas as barreiras, brincar de aprendiz de feiticeiro progressista, e estará arriscado a provocar estragos sérios. O senhor poderá também pensar que não se deve largar nada de mão, que deixar as coisas como estão seria, dos males, o menor. Em geral, para as pessoas de esquerda, eu sou conservador, ao passo que as de direita me julgam revolucionário. Digo o que eu penso sem levar essas categorias em conta.

M. T.: É verdade que não é fácil classificá-lo no tabuleiro político clássico. Vou lhe dar a minha opinião. Pondo tudo na balança, e apesar do tom "reacionário" de algumas das suas colocações, acho, entretanto, que o senhor está mais para querer abrir as barreiras e "largar tudo de mão" para dar provas de que o senhor tinha razão... Há um quê de aprendiz de feiticeiro no senhor, porque o senhor mesmo não sabe para onde essa Revelação está nos levando neste mundo. Já que desde o fim do comunismo a democracia parece estar se expandindo para a Terra inteira, o senhor acredita nesse "fim da história" que o americano Fukuyama se acha autorizado a anunciar?

R. G.: Eu lhe disse há pouco que eu acreditava numa história aberta. Para pensar o que Fukuyama diz é preciso acreditar no "espírito absoluto" tal como Hegel o concebia. Não é o espírito no qual eu acredito. Não partilho tampouco do pessimismo das pessoas que dizem que depois do Holocausto não pode mais haver futuro. Acho que é uma visão catastrófica demais da história. O genocídio nazista é sem dúvida o mais culpado de todos. Uma parte da responsabilidade cabe aos cristãos, os judeus têm razão de dizê-lo, mas só podem dizê-lo no plano religioso. Num plano histórico, fica bem evidente que este planeta passou por outros genocídios. O Holocausto constitui, sim, um tremendo fracasso para o projeto de que estou incumbindo o nosso mundo, mas resta esperar que seja um fracasso temporário e que não signifique que a história como um todo não valha mais a pena ser vivida. Afiançar que o Holocausto pôs um fim na história é conceder ao nacional-socialismo uma vitória espiritual que ele não merece.

M. T.: Certas pessoas mencionam também a possível melancolia que poderia nos acometer no Paraíso finalmente realizado... Será que o reinado generalizado do amor não seria um estado um tanto entediante, entendiante até demais para o homem?

R. G.: O senhor sempre volta ao seu paraíso terrestre! O senhor deve descender de Joachim de Fiore e outros heréticos medievais que sonhavam com uma idade de ouro sob o signo do Espírito Santo...

Essa conversa sobre o provável tédio do Paraíso é quase tão tradicional quanto o discurso do êxtase místico. Via de regra, os indivíduos sensíveis a uma das duas falas não são sensíveis à outra. Essa oposição nunca será resolvida. O debate esclarece o desacordo, mas não consegue solucioná-lo. Quero lembrá-lo de que a meu ver o fato de que todas as sociedades se tornam semelhantes e evoluem na mesma direção absolutamente não significa que elas vivam de maneira pacífica. Determinadas formas de guerra são, sem dúvida, inviáveis de agora em diante por razões bem concretas, logísticas, táticas, etc. Mas os conflitos vão assumir outras formas. A transformação já começou: guerra econômica nos países ricos, guerras civis nos países pobres...

M. T.: Eu estava pensando em outra coisa, em comportamentos individuais... As nossas sociedades democráticas estão sendo cada dia mais devastadas por certas formas de delinquência. Parece-me que, se determinadas formas de desigualdade demasiadamente gritantes persistirem – e a lição dos setenta anos de comunismo bem poderia ser, infelizmente, que dos males esse seria o menor – não se poderia impedir que adolescentes "sem futuro" preferissem, à certeza de uma vida miserável de proletário, a excitação própria de uma carreira como combatente, soldado ou gângster. Isso para não falar dos conflitos nacionalistas que têm a sua dignidade; veja a facilidade com a qual os cartéis da droga recrutam seus matadores nos meios mais desfavorecidos! Diz-se, por exemplo, que as redes que controlam os roubos de carros na França e que organizam sua revenda pagam, na hora, 4 ou 5 mil francos em dinheiro vivo ao "ladrãozinho" que vem fazer a entrega de um veículo. Esses moleques podem então ganhar por dia– e também gastar –, por baixo, várias vezes o salário que lhes seria pago depois de um mês de trabalho pesado numa fábrica. Estou dando a impressão de rebaixar o nosso problema filosófico ao patamar das notícias populares, mas o senhor seria o último a me censurar por examinar as consequências coletivas de certos traços do homem: será que não há sempre gente que vai dar preferência à aventura, mesmo pagando o seu preço com o mal – e nem que seja então a aventura do crime –, em vez do tédio de uma vida exemplar?

R. G.: A resposta é sim. Aquilo de que o senhor está falando é a forma extrema do que eu próprio citava agora há pouco, a atomização derradeira da sociedade descomposta. Só há, no fundo, guerras civis; é por isso que a unidade do mundo é a paz universal, mas é também, na falta da renúncia cristã, a guerra de todos contra todos.

M. T.: Na esfera coletiva, agora, será que o senhor, sendo o teórico do desejo humano que é, acha que a tática da infiltração até o seu centro nervoso por máfias criminosas é um desejo inevitável da democracia? No meu entender não é uma questão marginal: se fosse provado, por exemplo, que Martin Luther King e John F. Kennedy foram assassinados a mando de uma organização – ligada ao "complexo militar-industrial", a *Ku Klux Klan*, etc. – desejosa de ver mantidas as desigualdades raciais nos Estados Unidos, de prolongar o conflito com Cuba, de abrir a guerra do Vietnã, etc., então teríamos que convir que todos os nossos belos discursos acerca dos direitos humanos não passam da retórica do politicamente correto e que os países não ocidentais teriam algumas razões para suspeitar de os direitos humanos não serem nada além de uma arma de conquista?

R. G.: Não creio que tudo isso seja verdade; mas, mesmo que fosse, não vejo por que isso me obrigaria a pensar de maneira diferente. O senhor não desiste de querer fazer de mim um mal disfarçado defensor de utopias.

M. T.: Só estou solicitando um comentário acerca de temas que, sem dúvida, são uma obsessão minha, mas que talvez vivam obcecando também alguns dos nossos leitores, a alguém que me parece de fato ter revelado "coisas ocultas" e que propõe uma leitura muito fecunda, muito perturbadora do fenômeno humano. Como o senhor encara o futuro do mundo no aspecto demográfico? O Vaticano permanece firme em sua posição contrária a qualquer controle de natalidade. Entretanto, é bem verdade que se nós chegarmos a ser 50 bilhões, acabaremos tendo um problema. O senhor concorda?

R. G.: Acho que já temos o problema. A posição da Igreja Católica parece irreal, para não dizer demente. Nos seus primórdios, no momento em que se começou a seguir à risca tudo o que emanasse dela, a vontade social de controlar a evolução da população parecia plenamente excelente, inofensiva, isenta de qualquer consequência perigosa para a humanidade. Hoje, esse mesmo pragmatismo objetivista e científico exige de nós sempre mais comportamentos de que nem mesmo aqueles que os recomendam têm muito orgulho, ao que parece, já que eles os mencionam por intermédio de eufemismos atenuantes: na América, por exemplo, ninguém é "favorável ao aborto", se é *pro-choice* ("pró-escolha"). A mensagem real é simples: se há crianças demais, vamos destrui-las! Não dá para dizer que não é significativo o fato de que os mais ricos são os que mais se preocupam com essa questão...

O senhor me dirá que não se trata de aborto, mas de controle da natalidade. É verdade na teoria; na prática, é falso, mas o pragmatismo nem por isso deixa de ter todas as vantagens do seu lado, combinando a evidência da razão com a do mimetismo. Há então muitas Igrejas, a maioria até, que, apesar de não clamá-lo aos quatro ventos, acatam-no. A atitude da Igreja Católica ou, melhor dizendo, a do Vaticano, hoje muito isolado dentro do próprio catolicismo, renegado na surdina por boa parte do seu clero, vaiado pelo universo inteiro, bode expiatório quase que oficial da mídia e de toda a *intelligentsia* mundial, de todo prêmio Nobel e de todo nobelizável, tem algo de heroico, tanto mais que esse heroísmo em si passa despercebido. Estamos ficando cada vez menos capazes de saudar ou até de reconhecer as verdadeiras dissidências.

O que enfurece todo mundo, na verdade, é que, longe de manifestar a hipocrisia que sempre censuram nele, longe de se mostrar "político", nesse ponto o catolicismo inegavelmente se mantém firme na sua doutrina de sempre. Ele permanece fiel à sua atitude fundamental que consiste em colocar uma determinada definição da salvação e do pecado acima de todos os imperativos puramente mundanos sejam eles de que ordem for.

Para definir realmente o debate, seria necessário reposicioná-lo no seu quadro histórico mais amplo, que é bíblico, pois somente na Bíblia entrevemos uma história antropológica, uma história sacrificial da humanidade que começa antes da história dos historiadores. O que confere o seu primeiro impulso à nossa civilização no Egito, na Grécia e, sobretudo entre os hebreus, estou plenamente convicto disso, é a renúncia ao horrível universo religioso das prostituições sagradas, do assassinato dos reis e principalmente, é claro, do infanticídio ritualístico, do sacrifício dos primogênitos; renúncia que não fica isenta de lutas a julgar pelas exortações dos profetas judeus que, ao longo dos séculos, condenam reincidências dessas práticas com a mais extrema veemência.

Dizer que já tornamos a cair aí dentro talvez seja um exagero; mas, para quem pensa que o destino do homem, diferentemente da criação de coelhos, não se decide apenas no plano das estatísticas econômicas e demográficas, para quem capta a pertinência temível do princípio sacrificial na inteligência antropológica do nosso universo, a direção em que o mundo está seguindo, unanimemente, mimeticamente, é, no mínimo, inquietante.

Tem-se a impressão de que as velhas fatalidades primitivas, provisoriamente deixadas de lado pela luz profética e evangélica, ressurgem por baixo da máscara dos imperativos científicos e técnicos. A maioria das sociedades humanas praticou o infanticídio...

M. T.: ... sobretudo a matança das meninas, causa de um posterior déficit de mulheres acarretando, por sua vez, guerras tribais, ao roubá-las dos vizinhos!

R. G.: Alguns etnólogos não hesitam mais em ver na origem de tais comportamentos uma espécie de ciência infusa das realidades demográficas, uma sabedoria malthusiana análoga a deles, que o universo cristão teria esquecido, com um efeito desastroso... Os patriarcas, na Bíblia, inclusive através da narrativa do sacrifício de Isaac, selam definitivamente esses horrores na nossa história judaicocristã. É difícil para mim não enxergar a evolução atual como uma regressão, como uma volta preocupante ao que parecia transcendido de uma vez por todas.

M. T.: Dizem que a decisão do governo chinês de limitar a natalidade a uma única criança por família acarretou em alguns anos o sacrifício (pelos pais, que prefeririam um menino) de milhões de menininhas... Um genocídio secreto inimaginável! Fala-se também de "abortos preventivos" (igualmente para eliminar as meninas) que se multiplicam na Índia desde que a ciência possibilitou que se conheça o sexo do feto.

R. G.: Quanto a esse ponto, estamos numa situação absolutamente trágica. É a pura verdade que, no plano humano, o do planejamento racional, o aborto e todas as medidas para limitar os nascimentos se justificam tanto quanto possível. Tem-se a impressão de que o mundo moderno acua os homens, forçando-os à renúncia heroica, à castidade, à sobriedade, ao que se chamava antigamente de "santidade", quer mergulhá-la às cegas no caos e na morte... E isso numa época em que se entende cada vez menos a positividade da renúncia.

Eu já disse anteriormente que a luta dos cristãos "progressistas" para reconciliar o cristianismo com a sociedade de hoje me parece desatualizada em comparação com aquilo que os seres desenraizados pela modernidade estão pressentindo. Essa atitude de confundir a Igreja Católica com um partido político atrasado com relação aos seus eleitores é uma perda do sentido do religioso.

M. T.: É verdade que a reivindicação de uma "liberação geral" esconde alguns não ditos gravíssimos. Pelo que se diz, a proliferação da pornografia aumentou justamente os casos de impotência, por colocar os espectadores numa posição de "rivalidade mimética". No limite extremo da liberdade sexual, descobre-se o último interdito que é o não desejo pelo outro...

R. G.: Quanto mais "liberado" parece o desejo, mais ele produz esse obstáculo supremo. Creio que cabe às instituições proteger o indivíduo. O casamento liberava os homens dos caprichos do desejo, criava zonas de tranquilidade, de segurança. O senhor acaba de formular de modo admirável o verdadeiro problema do nosso tempo no plano erótico, que não tem mais nada a ver com aquilo sobre o que psiquiatras e psicanalistas continuam falando mecanicamente feito autômatos. O desaparecimento da figura paterna em função da desagregação da célula familiar faz do complexo de Édipo, e de toda aquela tragédia dele, um autêntico dinossauro psiquiátrico – da espécie vegetariana, nem é preciso dizê-lo.

M. T.: Mas o complexo dos cristãos diante da sexualidade lhe parece ridículo?

R. G.: O senhor fala como se ainda existisse uma subcultura cristã em meio à nossa sociedade. Lamento ter que dizer, mas receio que ela já tenha desaparecido. O senhor me lembra aquelas caricaturas no estilo do *Canard Enchaîné,* que reinventam os párocos de batina porque não podem abrir mão deles. Isso posto, o puritanismo é como a caça às bruxas: quando esses fenômenos se exacerbam, é que estão prestes a desaparecer. Tal como os seus opostos, não passam de manifestações temporárias, maus hábitos por sinal menos desastrosos do que a histeria sexual que desnorteia o nosso mundo e não tem nada a ver com a liberação prometida. Vivemos num mundo que checa, a todo momento, não só a moral cristã como todas as grandes morais religiosas.

M. T.: O senhor falava em "tragédia" com respeito à população mundial. Então vou colocar novamente a pergunta essencial entre todas: será que, longe de estarmos executando uma vontade divina, não estamos, pelo contrário, reconstruindo Babel, não estamos desafiando Deus? Se o termo da história fosse pura e simplesmente o fim do mundo, a catástrofe absoluta, o desaparecimento de todos os homens (como os dinossauros na era Secundária) pelo efeito de uma guerra termonuclear ou de uma epidemia viral ou de qualquer outra coisa, a promessa cristã ficaria com uma cara meio sem graça, não? E os anjos poderiam debater na nossa ausência a questão de saber se Cristo só anunciou ou se criou essa queda derradeira!

R. G.: Por que ficaria sem graça? Por que incriminar um cristianismo cuja influência sobre as potências que nos regem tende a zero? Dispomos de inteligência científica e de meios técnicos suficientes para remediar as ameaças que, pelo que se diz, pesam sobre o mundo; resta que é preciso querer efetivamente remediá-las. Por não se ter acesso às verdadeiras questões do nosso tempo, ousando transgredir os verdadeiros tabus da nossa sociedade, continua-se chutando o cachorro morto do puritanismo sexual, opta-se por refugiar-se na derrisão ilimitadamente repetida, na violência automatizada, na frieza gélida do nada; ou, pelo contrário, finge-se a alegria das falsas libertações, "mimetiza-se" a velha desenvoltura surrealista e todos os eternos resíduos de uma cultura pulverizada.

A maioria dos intelectuais e dos artistas está hoje a centenas de quilômetros da sensibilidade popular, pois é verdade que o anúncio apocalíptico, próprio do cristianismo tanto quanto do judaísmo, está mais vivo do que nunca. Eu li recentemente numa publicação de sociologia americana que mais de sessenta por cento dos nova-iorquinos acreditam num fim do mundo próximo. Os cristãos fervorosos sempre tiveram essa perspectiva, certamente, mesmo que nunca a tenham desejado; não há neles qualquer vertigem suicida. Com quantas zombarias não se encobria ontem, e se continua a fazê-lo hoje, a crença apocalíptica? Ocorre com os próprios indivíduos que zombam ritualmente dela de escrever, em outros momentos, ensaios bastante elaborados acerca dos últimos pânicos ecológicos e da possível destruição de toda vida sobre o nosso planeta. Toma-se muita precaução para não misturar esses dois gêneros literários. Não nos é dito o que faz de alguns meros imbecis, e, de outros, oráculos científicos. Quando é que se começará a zombar um pouco, nem que seja para dar uma renovada no nosso senso de ridículo, de todos os cientistas que, até bem pouco tempo atrás, consideravam o nosso mundo eterno em todas as direções e para quem, pouco antes de Darwin, a ideia do desaparecimento das espécies era inconcebível? A verdadeira retomada do religioso não é essa de que fala a mídia. É a que elimina as barreiras que encarávamos como intransponíveis entre o religioso e o que não é religioso. Quanto mais a ciência ateia for "progressista", mais ela será "apocalíptica", tanto quanto e mais ainda do que o religioso, mas de forma sinistra unicamente. Eis algo muito interessante que mereceria ser discutido nos colóquios! É disso que uma cultura realmente viva, realmente contemporânea, se existisse, faria o seu alimento!

M. T.: Esse Paraíso cristão "que não é deste mundo" não seria uma espécie de "ideia" platônica que destaca os homens da Terra? Não haveria certa responsabilidade cristã no desastre ecológico que vivemos aqui embaixo? (O que aproximaria uma vez mais o cristianismo e o marxismo: veja o Mar de Aral, o Báltico, Chernobyl...)

R. G.: Não, pois o homem é o encarregado desse jardim... Aliás, as perspectivas mudaram muito nesse particular. Até agora, pensava-se que só os capitalistas não davam a menor importância ao meio ambiente contanto que continuassem faturando. E eis que se descobre que os comunistas fizeram coisa pior em nome da elevação do padrão de vida do povo! Isso posto, não vou negar que haja uma responsabilidade indireta do cristianismo porque ele viabilizou a ciência e a indústria, e pôs fim à escravidão. Se houvesse escravos como na república de Aristóteles, não haveria poluição, seriam dadas vassouras a eles! Há sempre um preço a ser pago porque o homem não é o que dizem as utopias nacionalistas ou as demais. Na minha infância, os "progressistas" censuravam o Deus bíblico por frear o progresso técnico. Hoje as mesmas pessoas o censuram pelo motivo contrário.

M. T.: O senhor já se perguntou alguma vez o que aconteceria se fosse estabelecido um contato com uma civilização extraterrestre? Que mudanças isso poderia trazer para a evolução do mundo, para a filosofia, para o seu pensamento, para o cristianismo?

R. G.: O senhor certamente sabe que na América se gastou, e ainda se gasta, fortunas para tentar detectar vestígios de vida em algum lugar, em qualquer lugar, no sistema solar ou fora dele. Nunca se chega ao menor resultado, mas sempre se tenta novamente. Essa obstinação tem algo de comovente no âmbito do religioso antirreligioso. Trata-se não mais de negar a existência de espíritos extraterrestres como no passado, mas, pelo contrário, de provar que eles existem e que sua existência demonstra a falsidade de uma religião centrada no homem, isto é, no verdadeiro problema. Acredita-se que o contato com essas inteligências extraterrestres "arremataria" a refutação do cristianismo.

Duas conclusões se impõem: a primeira é que a refutação do cristianismo precisa de um arremate; a segunda, que o contato com o extra-humano, por razões que permanecem obscuras, é visto como decisivo no plano religioso. Se esse contato se realizasse, ele seria muito empolgante e sem dúvida muito comovente, mas eu não vejo por que traria revelações mais decisivas do que, por exemplo, a descoberta da América em 1492. De onde pode surgir em tanta gente a certeza desarrazoada, mas inextirpável, que uma inteligência extra-humana em algum lugar no cosmo, pelo simples fato de se comunicar conosco, elucidaria o significado da nossa existência? Só pode ser a necessidade de uma transcendência que daria cabo do cristianismo, como em Heidegger. As coisas só mudam em aparência. Os discos voadores são o neopaganismo da multidão.

Eu ficaria felicíssimo se os espaços infinitos se tornassem de fato a nova fronteira (*new frontier*) de que os americanos tanto falavam tempos atrás. Há todavia um dado numérico que dá o que pensar: aquele que os peritos soltaram displicentemente no momento em que a mais gloriosa das sondas espaciais, depois de ter visitado por alguns anos os arredores de numerosos planetas, acabou saindo do sistema solar. Sonda valente! Se suas baterias não se esgotassem, ela nos colocaria em contato com as estrelas! A uma velocidade extraordinária, ela ruma para a mais próxima dentre elas. Basta então aguardar pacientemente, como se aguardava pacientemente tempos atrás admirando as fotos de Vênus enquanto ainda se esperava por Júpiter e Saturno. O problema é que, desta vez, a espera vai ser mais demorada: 140 mil anos.

capítulo 10
Deus, a liberdade

M. T.: Por que Cristo tinha de morrer? Foi o último sacrificado, não culpado, antes do abandono dos sistemas sacrificiais?

R. G.: Não esqueça de que as demais vítimas antes dele tampouco eram culpadas. Cristo morreu porque se recusou a se submeter à lei da violência, ele a denuncia em tudo o que diz e os homens, ao recusar sua Revelação, forçosamente usaram contra ele a violência. Fazem funcionar contra ele a lei do mimetismo violento. Fazem dele um bode expiatório a mais. Esse é o embasamento antropológico da Paixão, e não é nada mais além disso. Se só houvesse um lado humano na Paixão, a voz de Cristo teria sido abafada ou ele teria se tornado uma divindade pagã como outras, um bode expiatório sacralizado. Sua palavra de verdade não teria chegado até nós.

Se a voz dele foi ouvida, se os discípulos caíram em si e se, em vez de se juntar aos perseguidores, como começavam a fazer durante a Paixão, proclamaram afinal a inocência de Jesus, foi graças à Ressurreição e ao Paracleto[1] que lhes ensinou a verdade. A dimensão propriamente religiosa exige de nós um assentimento do qual seríamos incapazes, diz o dogma, sem a graça divina. Cristo morreu então para nos salvar, para nos levar a uma condição em que pudéssemos tirar proveito dessa graça. Deus pede a todos os homens que tenham o mesmo comportamento que Jesus, isto é, que se abstenham de violências e anunciem o seu Reino. Essa adesão religiosa, a nossa limitada razão nunca consegue ter acesso a ela por si só, mas percebemos a sua racionalidade e a dos seus efeitos. Vemos que os mitos ficam legíveis. Vemos que as violências estruturais recuam, mesmo que as violências anárquicas façam progressos novamente.

Ao constatar esses resultados, vemos claramente que Jesus não é uma divindade arcaica, um bode expiatório sacralizado. O que ele nos traz não pode vir dos homens, só pode então vir de Deus. É por isso que o dogma afirma que Cristo não é apenas homem, mas Deus nascido de Deus por toda a eternidade. Não é como bode expiatório dos homens que Jesus é divinizado. As pessoas que imaginam que a divindade de Cristo é o resultado da Paixão estão dentro do mito, o cristianismo diz o contrário. Como a Luz, ele é a um só tempo o que devemos ver e o que permite vê-lo.

M. T.: É brilhante, mas quando o senhor diz que "Cristo nasceu de Deus por toda a eternidade", dessa vez acredita-se ou não: é uma questão de fé. Se não se sente essa

---

[1] Em grego, *parákletos* significa "advogado de defesa", "intercessor", "aquele que é chamado em socorro". (N. T.)

fé, mesmo que se concorde que Jesus não é "uma divindade arcaica" e mesmo que se aceite que a sua Revelação tenha sido a maior mensagem de toda a história, isso não implica necessariamente que ela provenha de um *além* chamado Deus: ela pode vir dele mesmo, do seu gênio pessoal pura e simplesmente, não é?

R. G.: Não sou eu quem o diz, é o dogma. Mas é importante mostrar que a esse dito correspondem efeitos reais em muitos setores, efeitos que não têm nada a ver com os mitos e tudo a ver com a sua destruição. O cristianismo tem bons motivos para considerar a si próprio absolutamente singular. Pode-se acreditar nisso sem ser um "retrógrado" etnocêntrico. Os mitos são religiões da falsa acusação vitoriosa. A narrativa evangélica refuta não só a culpabilidade de Jesus, mas também todas as mentiras do mesmo tipo; por exemplo, aquela que faz de Édipo um causador de peste, parricida e incestuoso.

O cristianismo devolve aos homens a violência que eles sempre projetaram sobre as suas divindades. É exatamente por isso que o acusamos de nos culpar. E nesse ponto temos razão, mas a narrativa evangélica tem mais razão ainda, pois, para defender as nossas vítimas, ela fica obrigada a condenar os seus perseguidores, isto é, nós próprios.

O Espírito Santo em grego, como eu já disse, é "o defensor das vítimas", e Satanás é "o acusador". O simbolismo evangélico corresponde admiravelmente à leitura mimética.

Jean-Marie Domenach pensa que eu procuro demonstrar a fé de maneira científica. Eu sei que a fé é indemonstrável, mas não está sozinha. Há também a inteligência, e a grande tradição cristã sempre afirmou existir uma concordância fundamental entre a fé e a inteligência. É essa concordância que eu procuro definir acerca de um ponto capital, apoiado nos Evangelhos, de preferência a buscar meus argumentos em Santo Tomás de Aquino ou Aristóteles. É por isso que tenho contra mim tanto os fideístas, aqueles que dizem "eu creio porque é absurdo", quanto aos velhos católicos que citam Aristóteles a torto e à direita, mas nunca os Evangelhos, vendo-me eu próprio citá-los, eles suspeitam que eu seja um "protestante".

Se estou falando a verdade – o que não se deveria excluir *a priori*, o senhor há de admitir –, o pensamento que estrutura os Evangelhos deve estar relacionado a uma razão mais potente que a nossa. Ela permite solucionar enigmas que o pensamento moderno jamais solucionou. Em primeiríssimo lugar, o enigma do religioso arcaico, que vem a ser o enigma do fundamento do social. Por mais ambicioso que seja, o meu projeto não tem nada de escandaloso nem de "hubrístico"[2] de um ponto de vista cristão, pois ele não tem a pretensão de elucidar o que o cristianismo chama de mistérios da fé. Sua única intenção é mostrar que, na perspectiva dessa fé, os falsos mistérios da mitologia ficam transparentes. É o que sempre afirmou a grande tradição cristã, só que sem mostrá-lo concretamente, por não se apoiar na antropologia evangélica que ela nunca chegou a decifrar. Simone

---

[2] Húbris, do grego *húper*, "por cima, para lá de", define o estado do herói trágico (mítico) quando ele transgride a lei. Ele se expõe à violência, porém para se tornar sagrado. Equivale a "orgulho" ou "desmedida". Para René Girard trata-se do crime do bode expiatório, que no final das contas fará dele um deus.

Weil, apesar de não ter tido tempo para explorá-la, pôde entrever essa antropologia que enfoca os conflitos miméticos, os "escândalos" e o mecanismo do bode expiatório. Ela revela que, desde Caim, desde a "criação do mundo", todas as culturas têm por base o assassinato fundador. Não sou eu quem o diz: são os Evangelhos.

O pensamento cristão sempre substituiu, sem se dar conta, essa antropologia evangélica por uma antropologia filosófica. Platão e Santo Agostinho, Aristóteles e Santo Tomás, o que por sinal era muito melhor do que tudo o que se fez desde então. Era melhor do que a decaída do existencialismo para o estruturalismo e para o pós-estruturalismo. Sem falar, é claro, das ideias do padre Drewermann e outras celebridades fabricadas por nossos meios de comunicação.

Chegamos a um ponto em que, de lavagem cerebral em lavagem cerebral, os pobres cristãos acabam sendo vistos não só como os maiores safados da história – essa questão específica foi resolvida faz tempo –, mas também como imbecis, e quanto a isso eles ainda tinham dúvidas até bem recentemente. É preciso mostrar-lhes que eles são menos burros do que pensam. É preciso restituir-lhes um pouco do orgulho que possuíam antigamente em abundância, sem dúvida muito exagerada, mas que eles substituíram por um tremendo complexo de inferioridade, um horripilante derrotismo que não tem nada a ver com a humildade cristã. Evidentemente, eu próprio sou acusado de triunfalismo. Se por acaso eu vejo bem, não seria só o pensamento cristão que se beneficiaria, seria a razão em si cuja desagregação final já foi oficialmente anunciada pela desconstrução.

Na área da inteligência, o que conta são os resultados, a potência da elucidação fornecida pelos Evangelhos quando são lidos na sua perspectiva mimética, a perspectiva que, na minha opinião, lhes é própria.

M. T.: O senhor já apresentou essa ideia há pouco: o senhor prova pelo resultado, justifica a sua hipótese pela sua fecundidade?

R. G.: O cristianismo revela a sua força no plano intelectual. O que é preciso acrescentar é que há uma história. Deus escolheu um povo único, o povo judeu, para toda uma parte da Revelação e a universalizou com Cristo. Desse ângulo, há evidentemente um fracasso do judaísmo, mas hoje há também, é óbvio, um fracasso do cristianismo ainda mais grave, multiplicado pelas mortes do Holocausto. Porém, dizer isso não é condenar nem o judaísmo nem o cristianismo do ponto de vista humano. Quem somos nós para condenar nossos irmãos?

M. T.: Mas convenhamos, quando se crê em Deus, tem-se bons motivos para se perguntar: será que Deus existe simplesmente para anunciar catástrofes verdadeiras ou para impedi-las? Como conceber um Deus todo-poderoso e onisciente que deixa o homem livre para ir rumo ao seu fim se não tomar cuidado?

R. G.: A história só avança por uma série de fracassos humanos que são sempre compensados por novos esforços de Deus para fazer entender o que realmente Ele é.

M. T.: E não daria para evitar, de preferência, esses fracassos?

R. G.: Para evitá-los seria necessário que Deus nos impusesse sua lei pela violência. De qualquer modo, estamos em pleno mistério e somos obrigados a nos inclinar, a dizer que não sabemos.

M. T.: Até mesmo René Girard?

R. G.: Com certeza.

M. T.: Num texto que me caiu nas mãos, o senhor retoma a observação de um jornalista italiano, Messori. Ele assinala que as imperfeições dos Evangelhos, suas repetições, suas contradições comprovam sua autenticidade: se fossem meros documentos de propaganda forjados, como alegou Renan, teriam sido redigidos com maior cuidado! Há seguramente certa verdade aí. Porém, em contrapartida, quando o senhor diz em outra situação que "a escritura do Novo Testamento não pode ser inteiramente humana", destrói o seu próprio argumento anterior: pois como imaginar que Deus tenha cometido erros que, sendo um feito Dele, teriam sido em suma propositais?

R. G.: Deus não cometeu erros, mas os Evangelhos foram transcritos por homens; e esses homens nos avisam eles próprios, Marcos em particular, que não entenderam nada na ocasião. Só entenderam *a posteriori*. O cristianismo é pura tradição. A ideia de voltar a um cristianismo que seria aquele de Cristo é um absurdo, porque todas as nossas testemunhas são homens que, mesmo quando inspirados pela graça, podem se enganar um pouco. Temos só gente que bate na testa lá pelas tantas dizendo: "Ah, então era isso que ele queria dizer!". Um dia eles se tornam capazes de se lembrar de coisas que não haviam compreendido na hora. O acesso a Deus no cristianismo e o sentimento da sua presença estão sempre ligados a uma experiência intelectual, a um trabalho textual, a um cotejo do Antigo e do Novo Testamento. Dizem que sou acusado também de "marcionismo", isto é, da heresia que consiste em eliminar o Antigo Testamento: é o pior engano que se pode cometer sobre o meu trabalho.

M. T.: Volto a insistir: por que sua tese requer a hipótese de Deus? Não estou longe de pensar que ela a enfraquece!

R. G.: De maneira alguma. Aquilo em que eu acredito me parece muito luminoso, mas o que eu digo fica bem atrás. Vejo perfeitamente que a Revelação, ainda hoje, longe de estar esgotada, mantém sua potência intelectual e espiritual, em que já se havia reparado antes de nós, mas de que se pode, de agora em diante, especificar aspectos ainda não definidos. Assim, estou convencido de que a minha aventura intelectual e espiritual não é unicamente subjetiva. Ela não provém exclusivamente do narcisismo universitário, de que eu não estou livre, como sei muito bem. Os meus defeitos pessoais diminuem a minha eficiência, certamente, mas não têm nada a ver com a questão de fundo.

M. T.: Vou recomeçar mais uma vez: por que é necessário que Jesus seja verdadeiramente um deus e até Deus em si, e não apenas um homem genial que disse o que devia ser dito? Que diferença isso faz?

R. G.: É o essencial da fé, é o dogma da Encarnação! Cristo quis morrer de preferência participando dos sacrifícios violentos. Quando um homem vive e morre como

Deus Pai teria vivido e morrido se tivesse descido à Terra, ele próprio é Deus: jamais houve senão um – Jesus Cristo. Mas é preciso não se desgarrar numa visão "genética", pensando: "Ele se tornou Deus". O que o cristianismo diz é que ele é enviado por Deus. Quer dizer, é Deus que tem a iniciativa da Revelação. E eu também acho. Deus tem a iniciativa da Revelação, mas Jesus é plenamente homem.

M. T.: Quando se ouve o senhor falar assim, dizendo que "Jesus é enviado por Deus", tem-se a impressão de que Deus é uma pessoa...

R. G.: Mas Deus é uma pessoa! Ele é até três pessoas em um só Deus. É o próprio dogma! A palavra *pessoa* vem de uma palavra grega que quer dizer *ator*. Não se deve deplorar essa origem literária e teatral porque é um conceito ausente da filosofia e que foi necessário tomar emprestado da literatura, sempre mais vigorosa do que a filosofia no plano das relações existenciais.

M. T.: Será que se poderia dizer que "Jesus se comporta como Deus" porque ele cria Deus ao semear o mundo com essa Revelação de que o senhor fala?

R. G.: A prova de que Deus *se revela* nos Evangelhos e que ele existe fora de nós é que nós ainda não compreendemos realmente a lógica da Sua morte, não compreendemos o que faz com que, pensando o que Ele pensa, dizendo o que Ele diz e se comportando como Ele o faz, Ele tenha tido que ser expulso do mundo. Essa mesma incompreensão não cessa de repetir essa expulsão no plano do texto. Há um círculo, bem entendido, e para compreender que ele existe e que ele é fechado, esse círculo tem de se abrir um pouco para nós, apesar de tudo. Entenda se puder...

M. T.: Que diferença faz se Deus existe e se revela, e não que o homem Jesus o inventa?

R. G.: Que diferença faz? Isso significa que a história sacrificial por inteiro, a história moral e religiosa da humanidade antes do cristianismo é uma história santa! Significa que as religiões pagãs eram assim mesmo um primeiro caminho levando a Deus e que a prática dos sacrifícios era efetivamente uma maneira de conter a violência num nível que não era bem o desejado, mas pelo menos tolerado por Deus.

Se poderia também rebater a bola para o senhor: por que procurar, custe o que custar, abrir mão de Deus quando Ele marca a sua presença, por que querer sempre reduzir tudo à dimensão humana, quando sabemos que ela não nos basta?

Não se trata, entretanto, de *wishful thinking*, isto é, de tomar os nossos desejos por realidade. Se eu não posso abrir mão de Deus, nem todas as minhas razões são intelectuais, concordo, mas com muita frequência o são, e é importantíssimo na nossa época já que é no plano intelectual, desde o século XVIII, que se considera o cristianismo acabado, completamente desacreditado.

Não sou eu, são os Evangelhos que leem os mitos a partir do bode expiatório. Os Evangelhos são marcados por uma inteligência que não é a dos discípulos e que eu vejo estar para além de tudo o que o senhor, eu, todos nós podemos conceber sem eles, uma razão tão superior à nossa que depois de 2 mil anos descobrimos nela novos aspectos. Trata-se de um processo que nos supera já que não pudemos concebê-lo por nossos próprios meios; e, contudo, somos capazes de assimilá-lo, ou logo o seremos. Por conseguinte, ele é perfeitamente racional, mas por meio de uma razão mais elevada que a nossa. Trata-se aqui, a meu ver, de uma nova ilustração de uma ideia tradicional das maiores, a razão e a fé se sustentando mutuamente. *Fides quarens intellectum* e vice-versa.

Eis um raciocínio tomista, penso eu, mas aplicado a uma área, a antropologia, que na época de Santo Tomás não existia no sentido do mundo moderno. E aquilo que está em pauta uma vez mais, é essa Luz que é, ao mesmo tempo, o que deve ser visto e o que permite ver, *Deum de Deo, Lumen de Lumine* [Deus de Deus, Luz da Luz].

M. T.: Todas as suas respostas me interessam, bem entendido, e eu as respeito, mas elas estão mais para comentários da sua verdade como crente do que para respostas à minha pergunta como agnóstico: que diferença faria na eficácia da Revelação, na proclamação da inocência das vítimas, no anúncio da unificação da Terra, etc., que ela tivesse sido inventada e enunciada por um homem?

R. G.: Mas ela foi inventada por um homem! Deve-se levar a humanidade de Jesus tão a sério quanto a sua divindade. A Encarnação é isso. Ser cristão é crer que a proclamação de que o senhor fala tem um único autor e que ele é ao mesmo tempo Deus e homem. Acrescente aí o Paracleto, que está necessariamente presente já que ele é o defensor das vítimas, e o senhor tem essa Trindade à custa da qual todo mundo hoje em dia se diverte como se fosse a coisa mais ridícula do mundo.

A crucificação mostra que os homens repelem a verdade de Deus e que Deus, não querendo triunfar pela força, o que não faria o menor sentido para Ele, dá um jeito de se manifestar para os homens sem violar a liberdade humana. Para tanto, Ele aceita fazer as vezes de bode expiatório para nós, mas sem ser divinizado como tal, sem se tornar divino no sentido do paganismo. Ele nos mostra que a verdade de Deus não pode se manifestar sem ser expulsa. Se arrepender verdadeiramente, no sentido de Pedro ou de Paulo, é compreender a sua participação pessoal na expulsão de Deus. Em vez de divinizar a violência humana projetada sobre o bode expiatório, o cristianismo diviniza aquele que, pela morte livremente aceita, uma morte que, entretanto, não tem nada a ver com um suicídio, escapa à circularidade da mentira e da violência geradora de falsos deuses.

A prova em sentido inverso de que o verdadeiro Deus tem de ser expulso e seria novamente expulso se voltasse à Terra – como "O Grande Inquisidor"[3] de Dostoiévski sugere – é que Cristo foi crucificado. É sempre o círculo que tem de se entreabrir um pouco para mostrar que ele existe de fato e que está fechado para nós.

M. T.: Vamos abordar o problema de outra forma: se Deus existe, será que Ele precisava da Paixão de Cristo, de toda essa história humana para se manifestar?

---

[3] Alusão à parábola de Dostoiévski "O Grande Inquisidor", que compõe o capítulo V do livro V de *Os Irmãos Karamázov*.

R. G.: Ele precisa disso, torno a repeti-lo, para se revelar, tal como é, isto é, para respeitar a liberdade dos homens. Se essa fórmula é insuficiente é porque vemos tudo, obrigatoriamente, pelo nosso prisma.

M. T.: Quando Deus se faz homem, por que lhe é necessário passar pelo ventre de uma mulher, por uma infância?

R. G.: É a lógica da Encarnação que requer isso, por pouco que seja levada a sério. Se Deus não tem nada a ver com a nossa violência, com a "glória que vem dos homens", aquela que se compra à custa de rivalidades miméticas, logo de violências e de vinganças, ele não pode se revelar diretamente. Há duas alternativas possíveis: ou ele simplesmente não se revela, ou ele se revela sofrendo a violência para não infligi-la aos outros. Ele é o contrário de todos os Dionisos e de todos os Júpiteres trovejantes. Obrigatoriamente nada do que caracteriza a nossa condição, digna de piedade, lhe é desconhecido.

O prólogo do Evangelho de João é uma espécie de inversão do Gênesis, mostrando que não é Deus que expulsa o homem, como nos diz a cena do Paraíso terrestre, mas que foi o homem que expulsou Deus. É assim que deve ser definido, no meu entender, o pecado original...

"[O Verbo] era a luz verdadeira que ilumina todo homem; ele vinha ao mundo. Ele estava no mundo e o mundo foi feito por meio dele, mas o mundo não o reconheceu. Veio para o que era seu e os seus não o receberam."

M. T.: Como o senhor entende a última palavra de Cristo: "Meu Pai, por que me abandonaste?".

R. G.: É a citação de um salmo, mas é recomendável não deturpar o seu pleno sentido, que é o mais forte. Tudo o que o homem pode padecer de pior, Cristo também o padeceu, inclusive a experiência de ser abandonado por Deus. O homem não pode repreender Deus por ficar na sua "torre de marfim". Pela morte de Cristo, Deus nos diz: "Se tolerei a vossa violência para criar homens verdadeiramente livres, vós não podeis repreender-me por isso: eu também me submeto a ela, eu próprio padeço da pior violência".

M. T.: Penso que sei qual será a sua resposta, mas vou colocar a pergunta assim mesmo para garantir a clareza do debate: o senhor é somente cristão ou o senhor é católico?

R. G.: Eu sou católico, mas acho que as brigas entre as diversas Igrejas cristãs perderam um pouco do sentido que tinham há algum tempo. Sou católico porque acho que o catolicismo detém a verdade do dogma. Ele está o mais afastado das oscilações extremistas que começam com a Reforma e desembocam no ateísmo moderno. Mas o protestantismo tem grandes virtudes que os católicos fariam bem em imitar. Ele não tem para com as Escrituras essa atitude de respeito sagrado que faz com que, mesmo hoje em dia, voltar-se para os Evangelhos, perguntar-se acerca da sua antropologia, como eu, signifique automaticamente ser suspeito de heresia. Isso só é aceito, mas assim mesmo nem sempre, quando se pode mostrar que tudo o que se diz já consta de Santo Agostinho ou de Santo Tomás de Aquino. No fundo, o que paralisa os cristãos é o medo. Eles sabem que os modernos, há séculos, nunca pensam senão contra eles, e eles têm medo do pensamento.

M. T.: Seja como for, os textos são efetivamente considerados um cânone intocável?

R. G.: O fato de haver quatro Evangelhos em vez de um, todos um pouco ou até bastante diferentes entre si, contradiz todo fundamentalismo no sentido da infalibilidade da letra.

M. T.: O senhor crê realmente em todos os dogmas, na infalibilidade do papa, na imaculada concepção de Maria,[4] na ressurreição dos corpos, por exemplo? Ou trata-se apenas de metáforas, de modos de falar, e, nesse caso, por que não dizê-lo?

R. G.: Os dogmas para mim não são metáforas. Na minha obra eu chego a praticar leituras metafóricas, por exemplo, quando contraponho a concepção virginal aos nascimentos divinos, tais como são narrados pelos mitos e que são sempre ligados à violência. A fé é outra coisa. Sinto que tive uma experiência pessoal dos dogmas centrais. Quanto aos dogmas mais marginais, nem sempre fico particularmente inspirado! Mas é uma questão de fidelidade, ou de confiança, isto é, de fé. Não tenho nada de muito pessoal a dizer sobre a ressurreição dos corpos, mas eu poderia lhe repetir o que se diz sobre o assunto. Confio, globalmente, em todos os concílios que definiram a ortodoxia cristã para as Igrejas Católica, Ortodoxa, Luterana, Anglicana e Calvinista.

---

[4] Muita gente não sabe que esse curioso dogma (proclamado no século XIX) diz respeito ao nascimento de Maria. Para o nascimento do Cristo, considera-se que a concepção imaculada seja óbvia.

M. T.: É curioso, apesar de tudo, ter essa atitude: "Creio no essencial, logo creio em tudo". Não?

R. G.: Seria curioso se a fé consistisse numa série de sentenças independentes umas das outras que seria preciso adicionar. Ela é uma totalidade significante. E muitas coisas que se transformam em escândalo não passam de uma questão de bom-senso, a infalibilidade do papa é um exemplo. Se a Igreja é divina, se a sua doutrina não pode se modificar ao sabor das pesquisas de opinião, das modas sucessivamente estruturalistas e pós-estruturalistas, no fim das contas é preciso deixar o assunto aos cuidados de alguém, de uma autoridade suprema no nosso plano humano, e só pode ser o papa.

Para dizê-lo uma vez mais, o essencial é uma questão de testemunho. Se o senhor confia na sua esposa e se um detalhe no seu comportamento lhe convém um pouco menos, o senhor não vai romper toda a relação por causa disso: o senhor se mantém solidário! Não se pode dizer que se aceita tal lei da República, mas não as demais. Somos membros de uma sociedade, estamos inseridos num mundo...

M. T.: Não é a mesma coisa. Deve-se respeitar as leis na vida prática porque se faz parte de uma comunidade. Em compensação, crer na ressurreição dos corpos porque está escrito no catecismo é um ato de fé cego...

R. G.: O sustentáculo do cristianismo é a Escritura. Eis por que a ortodoxia é tão importante apesar dos seus defeitos e mesmo que ela não saiba o que faz, porque pelo menos ela segura o texto e não o larga. Ela o carrega; é às vezes o burro de carga de relíquias... O fundamento dessa sustentação é Cristo. E Cristo ressuscitado comeu peixe com os seus discípulos. A ressurreição dos corpos é já a recusa dessa indiferenciação e dessa desrealização de todas as coisas contra a qual o senhor protestava tanto há pouco. É uma doutrina que deveria lhe ser particularmente atraente...

M. T.: O senhor com certeza deve estar brincando: essa relação lógica que está me propondo pressupõe a fé que eu questiono...

O senhor fica incomodado com o que pode aparecer no texto evangélico como uma matéria mítica: por exemplo, a anunciação feita a Maria, a concepção virginal de Jesus, a estrela guiando os reis magos?

R. G.: Não fico nem um pouco incomodado: a estrela dos reis magos não é um dogma. De um modo mais amplo, eis aí exatamente um dos pontos sobre os quais a leitura que eu proponho poderia se revelar útil no dia em que os mal-entendidos a seu respeito se desfizerem. Defino a Revelação cristã como uma recusa dos primeiros cristãos da potência mítica que é a da mentira mimética unânime. Esse "arrebatamento" permanece visível para os "sábios" e os "cientistas", pois se efetua em condições de tamanha proximidade que ele próprio é tomado por um mito.

O cristianismo é o mesmo drama que os mitos fundamentais ou os grandes relatos de origem, e em ambos os casos isso acaba em religioso. Aos olhos dos nossos "cientistas", pois, é necessariamente um mito. Eles não fazem distinção no âmbito do religioso. Na realidade, digo-o novamente, o cristianismo é tão diferente de um mito quanto pode ser o relatório verídico de um linchamento do seu relato pelos linchadores "sinceros", honestamente convencidos de ter agido de maneira correta. O mito é a culpabilidade de Édipo; a verdade é a inocência de Cristo.

Sábios e cientistas se enganam aí, mas não as criancinhas. Elas não têm medo de Jesus, ao passo que temem Dioniso, e não sem razão. Certos eruditos como Nietzsche não teriam o mesmo fim se tivessem tido um pouco mais de medo de Dioniso.

Os nossos cientistas não conseguem compreender que não é a mesma transcendência nos dois casos. Para eles, o religioso é sempre o mesmo bloco de opacidade e de absurdos supersticiosos. Eles não veem que o cristianismo ilumina o religioso mítico, ao passo que o religioso mítico não esclarece nada.

Ele não pode iluminar nada, pois ele reconcilia os homens à custa da vítima injustamente maltratada.

O que digo, como o senhor vê, não tem nada a ver como uma defesa nebulosa e mística do cristianismo. Ou eu tenho razão, e essa religião revela, nos mitos fundadores, a mesma estrutura dos processos de feiticeiras do século XV, ou eu estou errado, e a minha tese não vale nada. As críticas que são feitas contra ela vão raramente até o fundo das coisas, são reações ideológicas ao que se toma, de modo muito equivocado, por uma ideologia.

Se o relato evangélico nos conta uma superação prodigiosa da vertigem da unanimidade mimética e acusadora, geradora de mitos, não é de surpreender se, diante de uma tentação mítica urgente, sobre as margens, nos interstícios, alguns vestígios míticos subsistam, bem como uma tendência para dizer certas coisas, a recorrer à linguagem dos mitos, aos grandes símbolos do pensamento mítico.

Fica possível assim aderir à verdade fundamental dos Evangelhos e afirmar a Ressurreição sem se obnubilar em função dos poucos detalhes que desconcertam os nossos hábitos intelectuais, formados pela disciplina científica.

Tome por exemplo a traição de Pedro. A formulação "antes do canto do galo" ou "antes que o galo cante três vezes" dá a impressão de que os Evangelhos fazem de Jesus um adivinho no sentido ingênuo, uma cartomante que prediz os acontecimentos do mundo. Jesus estaria "anunciando" que um galo cantaria milagrosamente no instante exigido pela traição de Pedro. Os leitores que não estiverem atentos o bastante concluem que o essencial nesse texto é o milagre do galo. Na realidade, trata-se provavelmente de uma simples indicação temporal. O que Jesus anuncia é que, antes do término da noite em que for preso, Pedro o terá renegado. A profecia é motivada pela arrogância muito chamativa de Pedro que, depois de ter sido repreendido uma primeira vez por ter reagido com indignação ao primeiro anúncio da Paixão, retifica a pontaria e peca por excesso de zelo no sentido contrário, mimético: empenha-se em morrer com o seu mestre se necessário for. Jesus prevê a traição, pois constata, acerca de

Pedro, bem como acerca dos demais discípulos, o que nós, leitores dos Evangelhos, constatamos também, quando lemos corretamente: a onipotência dos contágios miméticos. Ele anuncia o abandono geral pelo qual vai passar assim que a hostilidade das autoridades para com ele ficar comprovada pela sua detenção. Jesus sabe "o que há no homem".

Vê-se muito bem o que pode ter ocorrido. Os Evangelhos são escritos trinta ou quarenta anos depois da Paixão. Aqueles que os redigem bem que sentem o essencial, a penetração extraordinária de Jesus e o amor que, apesar de tudo, ele tem pelos seus discípulos. Porém, como os redatores, eles próprios, também estão embevecidos de admiração e têm certa tendência a mitificar, eles cristalizam no galo, transformam em "milagre do galo" uma perspicácia sobre-humana seguramente, mas também muito natural, enraizada numa razão humanamente acessível, aquela que a teoria mimética tenta conceituar.

O mais notável é que possamos, daqui para frente, restituir essa racionalidade superior da cena, deixando transparente o que chamo de uma mitificação menor. Deixar-se ficar escandalizado pelo galo é não ter entendido nada da traição de Pedro e é, no fundo, cair, só que a agravando desmedidamente, na mesma ilusão que os redatores, na ilusão de que o galo é importantíssimo. É a mesma ingenuidade dos discípulos, a mesma incapacidade em enxergar o mimetismo, mas ela age de agora em diante em detrimento do texto; tal incapacidade destrói a verdadeira mensagem, ao passo que os redatores a poetizavam sem traí-la de fato. Os Evangelhos nos trazem todos os elementos da análise mimética, que as falsas desmistificações modernas eliminam. Elas já não veem senão o galo, para zombar dele. A minha análise não contradiz a transcendência, mas procura outros sinais dela, mais satisfatórios para a inteligência moderna que um galo milagroso.

capítulo 11 - alguns outros - Freud

R. G.: O que eu aprecio em Freud é um certo tipo de análise, uma escritura, uma forma de trabalhar o texto. O que eu não aprecio é um preconceito fundamental contra a cultura e contra a família: *O Mal-Estar na Civilização*, "complexo de Édipo". O que Freud não vê é que as instituições sociais e religiosas são essencialmente protetoras. Elas diminuem certos riscos de conflito. Pode acontecer, é claro, que elas façam isso de maneira violenta, na medida em que limitam certas formas de liberdade. Na verdade, os interditos culturais não existem para impedir as pessoas de se divertir, mas para tornar a vingança impossível: para separar os antagonistas potenciais, obrigando-os a escolher objetos diferentes e evitando as rivalidades miméticas.

M. T.: Mas nada melhor para cortar essas ligações e dissolver esses interditos do que o cristianismo ao liberar o indivíduo, não? "Deixará o homem seu pai e sua mãe..." O senhor está quase defendendo as estruturas sacrificiais arcaicas!

R. G.: É dessas escrituras que Freud fala. Sim, eu as defendo contra a ideia de que elas são essencialmente neuróticas. Elas são muito realistas. Eu já disse isso em *A Violência e o Sagrado*, Freud passou muito perto do esquema mimético, o que me incomodou bastante no ponto de partida do meu trabalho, fez-me perder bastante tempo, uma vez que eu via a ambiguidade da minha relação com Freud. Eu tinha tendência a achar – e muita gente ainda acha isso até hoje – que a minha hipótese não passava de um Freud de segunda categoria, um Freud simplificado! Levando adiante minha pesquisa, descobri a força da explicação do desejo mimético, mesmo em campos especificamente freudianos, como a psicopatologia. A elegância da demonstração permanece um critério fundamental: de repente vemos mil fenômenos diferentes – o masoquismo, o sadismo, etc. – explicados ao mesmo tempo.

M. T.: E não pode ser uma armadilha, isso também, a elegância e a simplicidade da explicação? O que isso tem de um critério de verdade? Afinal, talvez o mundo seja torto mesmo, um matagal embrenhado, e a elegância do sistema só exista na nossa cabeça, na lógica e na linguagem? E se essa "simplicidade" não passasse de uma "simplificação"?

R. G.: Sempre pode ser possível, é evidente, mas quando o senhor estuda um problema complicado e, de repente, uma hipótese muito simples esclarece todos os aspectos da questão, ao passo que as hipóteses menos simples patinavam miseravelmente, é difícil não achar que se chegou à solução correta, não é?

Quando nunca se põe a mão na massa, não há nada mais tentador do que criticar a preferência tradicional pela solução "mais elegante", nada mais tentador do que ver nela uma espécie de preciosidade intelectual. Na realidade, é exatamente o contrário. Em matéria de demonstração, a elegância é a eficiência máxima pelo menor preço. Concretamente, é imbatível. Os que dizem o contrário nunca buscaram resolver problemas reais. O nosso mundo se rende à sedução das falsas complexidades, que criam a figura de um pesquisador, que lhe dão ares científicos. "Matematizar tudo ou morrer", eis o nosso lema!

Mas é preciso reconhecer também, concordo plenamente, o caráter possivelmente ilusório das demonstrações mais elegantes. Na escala do humano, acho eu, as falsas soluções não faltam, mas resultam frequentemente, quem sabe sempre, de arroubos miméticos impensados. A tese que eu defendo é, de todas, por definição, a que mais desconfia desse perigo.

M. T.: Como o senhor aborda a famosa "pulsão de morte" introduzida por Freud?

R. G.: É um bom exemplo de complicação inútil. Para mim, a pulsão de morte existe, mas está absolutamente ligada à rivalidade mimética. O mimetismo faz do senhor o rival do seu modelo: o senhor disputa com ele o objeto que ele próprio lhe designou. Essa situação reforça o desejo e valoriza o obstáculo enquanto tal. E o obstáculo supremo, bem entendido, é a morte, é o que mata. A pulsão de morte é o término lógico dessa engrenagem. Porém, Freud não consegue vincular às demais fases esse desejo, paradoxalmente narcisista, de voltar ao biológico, ao inanimado; nem mesmo, para ficar na sua própria área, vinculá-lo ao Édipo, por exemplo, cujo caráter mimético ele identifica, contudo, claramente. De certa forma, ele se atém a acrescentar essa pulsão suplementar. Essa junção heteróclita impressiona os incautos, mas sendo simplificável, é necessário simplificá-la.

M. T.: Ouvindo-o falar assim, me vem uma pergunta: "pulsão de morte" ou "pulsão de matar"?

R. G.: (*Uma pausa*) É a mesma coisa! E o erotismo tende para uma tanto quanto para a outra! Pense na simetria dos processos em jogo. Veja Romeu e Julieta, perfeitamente definidos pelo padre Laurence: "*These violent delights have violent ends!*" [Esses prazeres violentos têm finais violentos!]. Sempre se esquece Shakespeare começa mostrando primeiro um Romeu perdidamente apaixonado por uma mulher que não quer nada com ele. As peças de Shakespeare contêm sempre coisas que contradizem de modo espetacular a imagem convencional que, apesar de tudo, se tem delas, uma imagem obstinadamente romântica. O culto do obstáculo conduz o homem quase para fora da sua condição em direção ao que mais se opõe a ele, em direção ao que dói mais, em direção ao não humano, em direção ao inerte, em direção ao mineral, em direção à morte... em direção a tudo o que se opõe ao amor, ao espírito. O *skándalon* de que falam os Evangelhos a respeito da cobiça é o obstáculo que atrai cada vez mais à medida que ele vai repelindo mais. Precisa-se dele justamente porque repele. Esse jogo de vaivém, de atração e de repulsa indissociáveis só pode ser reciprocamente destruidor, primeiro desestabilizador e depois verdadeiramente aniquilador.

A recusa de Deus é a mesma coisa, uma vez que Deus é o contrário do *skándalon*. Deus morreu pelos homens. Não ver Deus, preferir o primeiro modelo que aparece, é o que o homem faz!

Os surrealistas

R. G.: Se eu estivesse no lugar de Freud quando os surrealistas vieram procurá-lo, teria reagido como ele. Ele disse: "Que fanáticos!".

São realmente crianças mimadas que ateiam fogo a todas as cortinas achando que o papai, a mamãe e os bombeiros sempre estarão por perto, prontos para consertar as suas besteiras e para admirá-los. Já é o estado de espírito de 1968 presente com o que há nele de mais burlesco: os pais burgueses dizendo "não esqueça o seu cachecol" aos seus filhos que estão de saída para ir brincar de revolução... A revolução como artigo de consumo.

Marx

M. T.: Já falamos um pouco a respeito, há sem dúvida parentesco de forma, se não de conteúdo, entre as escatologias marxista e cristã: a ideia de um Paraíso por vir?

R. G.: O marxismo, ao contrário do nazismo, quer salvar as vítimas, é claro, mas pensa que o processo que faz essas vítimas é fundamentalmente econômico. O marxismo diz: "Renunciemos aos consolos religiosos, tratemos das coisas sérias, falemos das calorias consumidas, do nível de vida, etc.". Assim que um Estado soviético se cria, nota-se que, primeiramente, as riquezas se esgotam e, em seguida, que a igualdade econômica não bloqueia as formas de discriminação, que se enraízam muito mais profundamente. Então, como se é utopista, se diz: "Há traidores que impedem o sistema de funcionar"; e se procuram bodes expiatórios. Em outras palavras, o princípio de discriminação tem mais força do que a economia. Em última análise, não se encontrará nunca o critério econômico ou biológico, racial, que seria responsável pela discriminação, porque na verdade ele é espiritual. Negar a dimensão espiritual do mal é tão falso quanto negar a dimensão espiritual do bem.

Sartre (e Virginia Woolf)

R. G.: O que há de um pouco ridículo em Sartre hoje, mas que é ao mesmo tempo comovente e até digno de louvor, é a sua vontade de ter um "sistema" filosófico. Como Descartes. Acusam-me, a mim também, de construir um sistema, mas enganam-se. Não estou dizendo isso para parecer atualizado, estou velho demais para isso.

As análises do papel do outro no que Sartre chama de "o projeto" – o garçom da lanchonete em *O Ser e o Nada* –, as análises da má-fé, da coqueteria são maravilhosas. Estão muito próximas do desejo mimético. Ele até inventou uma categoria metafísica que chama de "para o outro", "para outrem". Mas, estranhamente, o desejo, nele, pertence tão só à categoria do "para si". Ele não vê que o sujeito está dilacerado entre o Eu e o Outro. Muito embora ele admire Virginia Woolf. Ela revela esse dilaceramento de modo admirável, inclusive em *As Ondas*. É mais um exemplo da superioridade romanesca sobre a filosofia. Sartre, no fundo, era um burguês pacato, apreciador do turismo, equilibrado demais para atingir realmente a genialidade.

Os estruturalistas

R. G.: O estruturalismo moderno flutua sobre o nada porque ele é desprovido do princípio de realidade. É uma espécie de idealismo da cultura. Não se fala mais de coisas, fala-se de referentes: fala-se do real em termos de linguística, em vez de reportar a linguagem ao real, como se fazia nos tempos em que o real era o real. Esse tipo de pensamento só conhece a diferença. Ele não pode compreender que o mesmo, o idêntico obsessivo podem corresponder a algo de real. Para ele não há diferença entre uma classificação de objetos reais e uma classificação de objetos monstruosos, que são, na minha opinião, um vestígio das desordens da crise mimética indispensável à gênese do mito. Ele estuda, situando-os no mesmo plano, por um lado, sequências com mulheres verdadeiras e jaguares verdadeiros, e, por outro lado, sequências com mulheres-jaguares.

Durkheim, quanto a ele, pôde dizer: "É curioso, há no pensamento mítico diferenças verdadeiras – e nesse caso é a inteligência humana que se põe em funcionamento

– mas também se encontram falsas categorias. O pensamento primitivo toma por base, em alguns momentos, recortes semelhantes aos nossos, e, em outros, categorias que não fazem o menor sentido". O que o estruturalismo faz sobressair admiravelmente é a diferença. Mas quando se estuda a formação do pensamento humano fica-se obrigado a confessar abertamente que, seja como for, o racionalismo moderno não é equivalente ao mito, já que ele eliminou as mulheres-jaguares... Se nos manuais dos automóveis japoneses estivessem incluídos os dragões, pode apostar que a indústria nipônica não teria conseguido propagar os seus produtos mundo afora...

Depois de Darwin...

M. T.: O que o senhor acha dos "criacionistas", que tomam a Bíblia ao pé da letra?

R. G.: Eles estão errados, é claro, mas não quero falar mal deles porque são hoje os bodes expiatórios da cultura americana. Os meios de comunicação deturpam tudo o que eles dizem e os tratam como os últimos dos últimos.

M. T.: Mas, já que eles estão errados! O senhor fala em bodes expiatórios, mas que eu saiba ninguém os põe para morrer, esses criacionistas?

R. G.: Eles são postos à margem da sociedade. Diz-se que os americanos não conseguem opor resistência às pressões sociais e em geral é verdade. Veja a Universidade, esse vasto rebanho de individualistas agindo feito carneiros: ele acha que está sendo perseguido, quando não está. Os criacionistas estão. E resistem à pressão social. Estão de parabéns!

M. T.: Mas se eles estão completamente errados! Para alguém que tem, como o senhor, o culto da verdade custe o que custar, estou achando que de repente o senhor está sendo indulgente demais!

R. G.: E aonde foi parar a liberdade religiosa, faça o favor de me dizer? Na América, como em toda parte, o fundamentalismo é o resultado do rompimento de um trato secular feito entre o religioso e o humanismo antirreligioso. O responsável por esse rompimento é o humanismo antirreligioso. Ele esposa doutrinas que começam com o aborto, prosseguem com manipulações genéticas e acabarão amanhã, sem dúvida, em formas de eutanásia com engrenagem perfeita. Em algumas décadas, quando muito, teremos transformado o homem numa repugnante máquina de prazer, para todo o sempre livre da dor e até da morte, isto é, de tudo o que, paradoxalmente, incentiva nos homens as aspirações ao que quer que seja de nobremente humano e não só à transcendência religiosa.

M. T.: Não há nada pior do que tentar conjurar perigos reais com falsas crendices?

R. G.: O homem nunca fez outra coisa.

M. T.: Mas não é um motivo para continuar fazendo!

R. G.: Os fundamentalistas frequentemente defendem teses que eu deploro, mas um resquício de saúde espiritual faz com que pressintam o horrível campo de concentração bem acolchoado e macio que os burocratas bem-intencionados estão preparando para nós, e a revolta deles me parece mais respeitável que a nossa sonolência. Numa época em que todo mundo se vangloria de praticar a dissidência e a marginalidade, ao mesmo tempo que dá mostras de uma docilidade mimética de deixar pasmo, os fundamentalistas são dissidentes autênticos. Há pouco tempo eu me recusei a participar de uma sondagem pretensamente científica que os trata como cobaias, sem que os pesquisadores sequer se perguntassem uma só vez qual o papel da sua própria ideologia universitária no engendramento de um fenômeno que eles acreditam estar estudando objetivamente, com o mais completo distanciamento.

capítulo 12
um método, uma vida, um homem

M. T.: Insistimos muito no caráter inconsciente dos mecanismos, dos fenômenos de que tratávamos. Essa observação levanta para mim uma questão um pouco paradoxal que é a seguinte: será que, afinal, revelar, dizer explicitamente a Revelação como o senhor faz, tem alguma serventia para ela?

R. G.: O que o senhor entende por "tem serventia"? Se o religioso for a verdade, "tem serventia" muito mais do que quaisquer préstimos. Se o cristianismo estiver errado, o que fazemos não tem a menor importância.

M. T.: Vou completar a minha pergunta. Shakespeare não diz os jogos do mimetismo, não fala deles nas suas peças; ele nos leva a adivinhá-los, mostrando personagens presos na sua rede.

R. G.: Ele faz exatamente o que o senhor está dizendo, mas ao mesmo tempo ele o comenta e o explica. Quando estou trabalhando um autor, pode acontecer, sem dúvida, de que na minha empolgação eu exagere um pouco o valor revelador do que ele diz. Cada vez que eu torno a abrir o meu Shakespeare, entretanto, nunca me sinto decepcionado. Se escrevi um livro sobre ele,[1] é com certeza em razão do conteúdo das suas peças, que é extraordinário, mas talvez ainda mais por causa das mil formulações que ele vai plantando em lugares estratégicos e que definem o sistema mimético de ponta a ponta. Nas comédias, é o desejo mimético que está mais ativado, é claro, mas, nas tragédias, sobretudo em *Júlio César*, é o mecanismo vitimário e o sacrifício.

Na véspera do seu assassinato coletivo, por exemplo, César tem um sonho ruim: todos os romanos correm na sua direção para mergulhar alegremente as mãos no seu sangue. Pressentindo o perigo, a esposa convence César a não ir ao senado. Tudo isso já está em Plutarco, que Shakespeare segue quase à risca. Mas, tendo chegado a esse ponto, o nosso autor acrescenta algo de seu, e é uma segunda interpretação do sonho. Um dos conjurados vem buscar César e, para atrair a sua vítima, apesar de tudo, ao senado, onde os seus assassinos o aguardam, ele dá uma nova interpretação do sonho de uma maneira que não poderia tranquilizar um homem que teme por sua vida, mas que atiça a gigantesca ambição de César. Ele lhe prediz a transfiguração futura do seu assassinato coletivo, a que fará dele o deus tutelar do império, o bode expiatório fundador do regime que sucederá a república: "*From thee great Rome shall suck reviving blood*". Literalmente: "De ti, graças a ti, a grande Roma sugará sangue regenerador". Apesar de tudo, caso a ideia do assassinato

---

[1] *Shakespeare: Teatro da Inveja*. Trad. Pedro Sette-Câmara. São Paulo, Editora É, 2010.

fundador interesse, isso bem que merece ser observado, o senhor há de reconhecer! Aliás, para apreciar a fundo, é preciso ler Shakespeare na sua língua nativa, que é inimitável. Ele não é só o Corneille e o Racine da literatura inglesa, é também o seu Montaigne, com tudo que isso representa em termos de sabor que se perdeu desde então no plano da linguagem. Não me provoque com Shakespeare ou o senhor não conseguirá terminar nunca!

M. T.: Por que Cristo não escreveu?

R. G.: Cristo não escreveu, mas ele é idêntico à sua palavra. Ele é o Verbo, o verdadeiro *Logos*. Ele morre pelas razões que o fazem falar. Ele fala pelas razões que o fazem morrer. A Revelação propriamente cristã só se aclara posteriormente, na descida do Espírito, que é o fruto do *sacrifício* de Cristo. Aí reside a semeadura cristã, no fato de que um perfeito imitador de Deus não pode deixar de ser morto pelos homens, porque ele vive e fala assim como Deus falaria e viveria se Ele próprio estivesse sobre esta Terra. Esse homem é então uno com Deus, ele é Deus. Graças a ele, Deus doravante está presente entre nós. Tudo o que Cristo conquistou escapando, sem dele tomar parte, do universo prisioneiro da violência, Ele o oferece a todos os homens que se prestam a se entregar à graça. O ato de Cristo restabelece entre Deus e os homens o contato danificado pelo pecado original.

Empreguei acima a palavra *sacrifício* para designar o dom de si mesmo até a morte. Não é absolutamente o sentido do sacrifício nas religiões arcaicas. É até uma total reviravolta. No passado, eu insisti com exclusividade demasiada na diferença entre os dois sentidos.

Eu queria mostrar o erro que cometiam aqueles que acusam o cristianismo de não passar, no fundo, do sacrifício humano, do canibalismo, etc. Insisti demais nessa diferença, e não o bastante na extrema unidade simbólica do sacrifício que, efetivamente, se examinarmos todos os sentidos do termo, resume toda a história religiosa da humanidade. Os cristãos têm razão de empregar a palavra "sacrifício" para o Cristo: eles apreendem implicitamente essa unidade e, de qualquer modo, não é à base de argumentos lógicos e antropológicos que se chegará um dia a convencer os que não estão prontos para ouvir certas coisas.

M. T.: Em todo caso, vou ter dificuldade em prosseguir a minha investigação sobre a Escritura se for nesse nível religioso! Continua sendo curioso que alguém que visivelmente queria deixar uma mensagem eterna não tenha optado por consigná-la, ele próprio, por escrito de uma vez por todas, impedindo categoricamente todas as eventuais deturpações futuras. A menos que, precisamente, ele tenha medido um perigo. O senhor conhece *Fedro*, de Platão, texto no qual faz com que sejam ditas (por escrito!) as últimas palavras da escritura, por Sócrates (que tampouco escreveu coisa alguma): "A escritura que não pode responder, por si mesma, como o faria um mestre, às perguntas ulteriores do aluno, etc.". Eu até acrescentaria que a história nos ensinou que a fixidez dos escritos pode ser uma deficiência: ela também perpetua os erros, e sobretudo possibilita que os demagogos possam desviar-lhes o sentido ao mesmo tempo que dão a impressão de os estar respeitando ao pé da letra. A história do cristianismo e a do socialismo estão repletas de fraudes assim.

R. G.: O senhor próprio respondeu à sua objeção. Não se pode impedir categoricamente toda e qualquer deturpação futura consignando por escrito uma mensagem que seria então simplesmente "a verdadeira", isenta de qualquer ambiguidade. A escrita e a palavra têm uma dívida para com as nossas origens sacrificiais e encontram-se então marcadas por uma insuficiência essencial. Só a morte do Cristo é perfeita e há, em relação a ela, uma imperfeição de princípio em todos os escritos que a reproduzem. É essa insuficiência de toda transmissão, de toda comunicação, que justifica a multiplicação dos escritos, a existência não de um, mas de quatro Evangelhos canônicos, todos diferentes entre si, cujos redatores, além do mais, insistem a todo momento na sua incompreensão... O cristianismo não é uma "religião do livro", no sentido em que o são o islã ou o judaísmo.

M. T.: Não só Cristo não escreve, mas ele parece desconfiar de toda demonstração propriamente dita, do ensaio se o senhor quiser. Ele prefere falar por parábolas, ele conta histórias!

R. G.: Sim, mas os próprios Evangelhos dizem que as parábolas se dirigem à multidão mais do que diretamente aos discípulos. O que as caracteriza é que elas reativam, para ouvintes que não conseguiriam concebê-lo de modo diferente, um deus de violência e de vingança, que é inadmissível para os Evangelhos. O Deus cristão faz brilhar a sua luz, sem distinção, sobre os justos e sobre os injustos. Nas parábolas, não é o que se dá. Os que não acatam as regras do Reino são tidos frequentemente como castigados por uma violência divina, transcendente. Na realidade, as ações violentas punem a si mesmas ao atrair sobre si as represálias que elas de fato merecem. Os violentos se punem uns aos outros como as duas filhas maldosas do Rei Lear, as duas irmãs inimigas. O castigo parece transcendente porque não poupa ninguém, mas ele provém da reciprocidade, do mimetismo que faz com que todo o mal infligido a outrem, cedo ou tarde, seja devolvido, integralmente e com juros. Só se joga essa violência sobre Deus quando não se enxerga a reciprocidade ou quando, por motivos estratégicos, como no caso das parábolas, se resolve deixá-la entre parênteses. Não se deve reduzir os Evangelhos às parábolas. Há também muitos ensinamentos diretos.

M. T.: Eu às vezes me sinto um pouco incomodado por sua grande habilidade dialética. Por exemplo, vou retomar a questão da face ambígua que o Ocidente apresenta aos países pobres. Será que não é um tanto exagerado alegar, como o senhor faz, que cada vez que alguém se coloca como vítima ele está assumindo um comportamento ocidental e cristão? O Ocidente, afinal, fez vítimas reais que têm motivos reais para se queixar. Sua queixa é natural, trivial. Elas teriam formulado o mesmo discurso sem a Revelação cristã. A sua observação invalida a legitimidade da queixa delas e justifica mais ou menos as agressões ocidentais.

R. G.: A queixa delas é objetivamente justa, o senhor tem razão. No mundo arcaico ela teria se expressado no interior do próprio grupo ou em grupos presumidamente amigos, como é o caso em *As Suplicantes* ou *Os Persas* de Ésquilo. Depois da derrota de Salamina, os persas dizem consigo mesmos: "Decerto merecíamos esse castigo, em razão de algum erro passado".

O que há de extraordinário no nosso mundo é que vai se dizer ao perseguidor estrangeiro: "Tu me deves alguma coisa na qualidade do perseguidor que és". O perseguidor tradicional teria revidado: "Bem, então eu vou te perseguir mais. Eu não te persegui o bastante, visto que ainda és capaz de te queixar". Mas hoje o perseguidor presumido tem uma dívida, que ele reconhece, para com as suas vítimas. É isso que é único, que de agora em diante se fale diretamente com o perseguidor dizendo: "Reconhece que tu me deves algo, pois, no fundo, cremos na mesma coisa, colocamos juntos a violência fora da lei".

M. T.: Tem-se a impressão de que, quando o Ocidente cristão denuncia vítimas, o senhor acha isso bom, mas quando vítimas do Ocidente o denunciam, o senhor taxa essa queixa de inaceitável, de parcial.

R. G.: Não quero de maneira alguma passar essa impressão, e eu não disse nada que possa realmente sugeri-la. Digo, pelo contrário, que a queixa das vítimas é legítima, mas a partir de uma perspectiva cristã, unicamente. Não esqueça que, para mim, ao contrário do que pensa Nietzsche, essa perspectiva cristã não é só um voto pio: só ela é verdadeira, ela é a verdade.

O próprio fato de haver um diálogo entre vítimas e perseguidores é um fenômeno cristão. Numa situação em que a perseguição vai até as últimas consequências, não há diálogo entre a vítima e o perseguidor. A história é, em geral, escrita pelos vencedores. Nós somos o único mundo no qual existe a vontade de que a história seja escrita pelas vítimas. E não vemos o caráter extraordinário dessa virada. Por sinal é essa a razão pela qual a pesquisa histórica se impõe: não há muitos vestígios das vítimas, já que até agora os vencedores é que falaram.

M. T.: Vou insistir: eis-nos uma vez mais a percorrer a fronteira incerta entre o universalismo e o imperialismo. Havia povos vivendo tranquilos no seu canto, em suas culturas locais. Aí chegam os cristãos com os seus missionários, os seus soldados, as suas cruzadas. Os primeiros evidentemente têm bons motivos para lhes dizer: "Vocês estão nos incomodando!". Mas, nesse exato momento, René Girard salta para fora da caixa e exclama: "Ah! Viram isso, vocês se queixam, logo já são cristãos!". Dá muito bem para se queixar fora do cristianismo!

R. G.: Depois da conquista romana, Vercingetórix é trazido de volta a Roma para estar presente no triunfo de César: mantiveram-no vivo por vários anos unicamente com esse fim. Terminado o desfile, eles o estrangulam, não o levam ao senado com toda a pompa para negociar "um programa de ajuda à Gália subdesenvolvida". Jamais na história se falou como nós falamos agora, jamais sequer se agiu como nós agimos agora. Os espertos, os "semi-hábeis" de Pascal, só veem nisso um imperialismo mais astuto do que no passado, mas não sabem explicar por que o passado não descobriu tudo isso mais cedo.

Reconheço que o senhor está certo, os países ricos estão longe de fazer o bastante, mas apesar de tudo é surpreendente constatar que mal haviam transcorrido três meses desde o fim da Guerra Fria e entre os ocidentais só se falava em ajuda à Rússia. Temos aí uma grande estreia na história humana.

Como todas as condições objetivas do nosso mundo são determinadas pelo cristianismo, não se tem escolha, isso fica fora de questão. Com certeza o que se faz não basta, volto a repeti-lo. Mas esse "não basta" não faz o menor sentido fora do cristianismo, e negá-lo seria uma hipocrisia. A recusa em dizer a verdade faz parte, aliás, dessa mesma verdade, pois se baseia, necessariamente, numa versão laicizada do espírito de caridade: "a mão direita não deve saber o que a mão esquerda faz", etc. Esmiuçar o nosso palavreado contemporâneo é mostrar os apelos incessantes que ele faz à teologia cristã, mesmo naquilo que ela nos obriga a dissimular, por um redobramento da humildade.

Vendo isso do lado de lá do Atlântico, tudo fica mais nítido do que da França, pois, estando no coração do sistema, a América não dispõe do luxo de uma segunda América atrás de si para garantir a retomada provisória dos bodes expiatórios. Os norte-americanos, por outro lado, recorrem menos aos artifícios do que os franceses, são menos hábeis em dissimular a dimensão cristã das suas dilacerações.

M. T.: Prossigo ainda sobre o que eu chamava anteriormente de sua "habilidade" retórica. É também um efeito da imensidão do seu campo de reflexão. O senhor tem resposta para tudo porque, para o senhor, tudo – e o seu contrário – é explicável, tudo pode servir de prova. Nada o faz perder as rédeas. Tem-se a impressão de que, estando confrontado a um fato, a uma obra que lhe cai nas mãos, o senhor procura um meio de integrá-la, mas nunca lhe ocorre dizer: "Ora bolas! Não deu certo!".

O senhor mostra por exemplo de bom grado que muitos obstáculos se opõem ao processo desencadeado pela Revelação, que os mecanismos sacrificiais são resistentes e chegam até a ficar duas vezes mais violentos com a maior facilidade. Assim, se o comunismo caiu, fica provado de uma vez por todas que a Revelação está em andamento; mas se porventura ele tivesse sido reforçado o senhor teria lido aí, com igual tranquilidade, a prova de que a mesma Revelação engendra fenômenos de resistência. Jamais o senhor reconheceria um fracasso em sua análise!

R. G.: Se eu tivesse deparado com fatos que não correspondessem à minha tese, há muito eu já a teria modificado.

Mas cabe chegarmos a um entendimento acerca da natureza dos fatos que me interessam. Não são os assuntos corriqueiros. Não tenho a pretensão de possuir sobre tudo e qualquer coisa, e no momento oportuno, posições que refletem as minhas intuições fundamentais. Só pude apresentar a muitas das suas perguntas, em vez de respostas, "opiniões pessoais" que podem muito bem mudar de uma hora para a outra. Às vezes eu devo também me enganar quanto ao que realmente faz parte das minhas intuições fundamentais e ao que não faz parte delas.

M. T.: Seja como for, se o senhor consegue explicar os desvios da história e as ciladas do Anticristo, parece-me que a sobrevivência sacrificial, os exageros da atitude cristã, de um lado, e, de outro, as resistências à uniformização deveriam permanecer objeções à sua teoria, em lugar de serem apresentadas como provas, não?

Para levar meu raciocínio até o fim, afirmarei que não faria o menor sentido dizer diante de uma combustão termonuclear mundial: "Que pena, nós poderíamos ter conseguido o Paraíso!". Seria, pelo contrário, a prova retrospectiva de que os nossos discursos sobre uma idade de ouro ainda por vir não passaram de retórica. Seria a comprovação de que todo esse "progresso" magnífico, na verdade, não passaria de uma armadilha de Satanás: a marcha para a morte! (Entoando cantos, se lhe aprouver!)

R. G.: O senhor me lembra essa gente que exige "um sinal" e Jesus lhes responde que só haverá "o sinal de Jonas", isto é, o sinal do bode expiatório, o sinal do infeliz lançado à baleia pelos marinheiros que o consideram responsável pela tempestade. O que estou dizendo é que o cristianismo revela sua força na interpretação da própria ambiguidade do mundo. Ele nos proporciona um conhecimento das culturas humanas incomparavelmente mais firme do que o que nos propõem as ciências do homem. Mas ele não é nem uma receita de utopia nem uma chave mestra para a leitura dos assuntos correntes.

M. T.: Só que não é a mesma coisa dizer que a Revelação se cumprirá no desabrochar de uma nova idade de ouro ou no apocalipse destruidor, não é?

R. G.: Se com isso quer dizer que eu possuo toda a combatividade típica dos intelectuais da minha geração, vou concordar sem problema. E os meus defeitos pessoais, como já sugeri, dão a algumas das minhas colocações um tom mais duro do que seria conveniente e, de um modo geral, prejudicam a minha eficiência.

Mas apesar de tudo não vai querer me dizer que eu é que inventei esse mundo sempre suspenso entre uma nova idade de ouro e o apocalipse destruidor? O senhor depara com ele toda manhã no seu jornal e toda noite na televisão. Está fazendo de mim alguém mais singular do que sou.

E o senhor enxerga análises sistemáticas onde elas não existem. A partir do momento em que não nos proibimos mais de reconhecer a dimensão parodicamente cristã da história contemporânea, é fácil ver que ela está por toda parte. Com a ressalva de que o verdadeiro cristianismo nunca prometeu, para repeti-lo uma vez mais, nem idade de ouro nem Paraíso terrestre algum. Tudo o que digo não passa, no fundo, de uma diluição da famosa frase de Bernanos: "O mundo moderno está repleto de ideias cristãs que enlouqueceram".

Se tentarmos fazer do religioso um recurso suplementar para aumentar ainda mais o conforto das nossas vidas, como se diz em inglês, "we have a tiger by the tail" (seguramos um tigre pelo rabo). Não me censure por essa metáfora sacrificial forçosamente inexata. É uma parábola no sentido mencionado há pouco. Não é o religioso que nos arranha e nos morde, é a natureza do real, que não vai mudar só para facilitar ainda mais as coisas para nós. O nosso Deus não é um tigre feroz, mas um cordeiro sacrificado. Nós é que o transformamos em tigre pela nossa incapacidade de abrir mão do apoio sacrificial.

O cristianismo não é a religião da saída do religioso, como pensa Marcel Gauchet. Não esperemos que ele nos garanta uma aterrissagem suave nos canteiros de uma sociedade de consumo lindamente trabalhados pelos "valores cristãos". Se eu estiver correto, só estamos escapando de um certame religioso para entrar num outro, infinitamente mais exigente, já que desprovido de muletas sacrificiais. Nosso famoso humanismo não terá durado mais do que um rápido intervalo entre duas formas de religiosidade.

Voltando a repetir, o cristianismo nunca prometeu, não promete o Paraíso nesta Terra. Ele diz o contrário. A única coisa que deveria nos interessar é a nossa salvação. São Paulo diz: "Se o Cristo não ressuscitou, nós somos uns imbecis...".

M. T.: Caímos novamente no mistério desse Deus todo-poderoso e onisciente que deixa a sua criatura livre, que age como se Ele não soubesse para onde ela vai.

R. G.: Se estou dando a impressão de que Deus está brincando conosco de gato e rato ou de tigre, se preferir, eu me expliquei mal. Para tentar entender as relações entre o chamado que vem de Deus de um lado e, do outro, o jogo do mimetismo e da liberdade, proponho-lhe simplesmente um mero estudo de texto. Vamos analisar uma das maiores narrativas evangélicas, a da mulher adúltera salva do apedrejamento. É um texto um pouco misterioso, pois não consta dos manuscritos mais antigos de João. Muitos comentaristas [bíblicos] acham que ele lembra o estilo de Lucas mais que o de João e, nesse ponto, isso me parece bastante correto. "De qualquer forma", diz a Bíblia de Jerusalém, "ninguém duvida da sua canonicidade". Leiamos, juntos, o texto:

Os escribas e os fariseus trazem, então, uma mulher surpreendida em adultério e, colocando-a no meio, dizem-lhe: "Mestre, esta mulher foi surpreendida em flagrante delito de adultério. Na Lei, Moisés nos ordena apedrejar tais mulheres. Tu, pois, que dizes?" Eles assim diziam para pô-lo à prova, a fim de terem matéria para acusá-lo. Mas Jesus, inclinando-se, escrevia no chão com o dedo. Como persistissem em interrogá-lo, ergueu-se e lhes disse: "Quem dentre vós estiver sem pecado, seja o primeiro a lhe atirar uma pedra!". Inclinando-se de novo, escrevia no chão. Eles, porém, ouvindo isso, saíram um após o outro, a começar pelos mais velhos. Ele ficou sozinho e a mulher permanecia lá, no meio. Então, erguendo-se, Jesus lhe disse: "Mulher, onde estão eles? Ninguém te condenou?". Disse ela: "Ninguém, Senhor". Disse, então, Jesus: "Nem eu te condeno. Vai, e de agora em diante não peques mais".[2]

A Lei Mosaica prescreve o apedrejamento dos condenados à morte. Eu interpreto essa forma de execução, bem entendido, como a imitação ritual de um assassinato fundador, isto é, de um primeiro apedrejamento que, num passado longínquo, reconciliou a comunidade. É porque

---

[2] João 8,3-11.

a comunidade se reconciliou que ela faz dessa violência unânime um modelo ritual, um modelo de unanimidade. Todo mundo tem de jogar pedras. É assim, de modo plenamente evidente, que a hipótese mimética deve explicar a existência de um apedrejamento institucional, tal como o encontramos codificado muito mais tarde no Levítico.

O apedrejamento só era obrigatório para as esposas adúlteras, não para os maridos adúlteros. No primeiro século da nossa era, essa prescrição era contestada. Alguns a consideravam severa demais. Jesus se encontra confrontado com um dilema perigoso. Ele está sob a suspeita de desprezar a Lei. Se ele disser não ao apedrejamento, a suspeita parecerá confirmada. Se disser sim, ele estará traindo o seu próprio ensinamento, inteiramente voltado contra os contágios miméticos, os arroubos violentos, dos quais esse apedrejamento, se acontecesse, seria um exemplo, tanto quanto a Paixão. Por várias vezes Jesus é ameaçado de apedrejamento nas cenas que anunciam e preparam a Paixão. Aquele que revelou e denunciou o assassinato fundador não pode deixar de intervir a favor de todas as vítimas do processo que, no final, prevalecerá contra ele.

Se os homens que interpelam Jesus não desejassem suscitar o apedrejamento, eles não colocariam a culpada "bem no meio" da multidão, não a exibiriam com complacência. Eles querem que irradie sobre a multidão, sobre os eventuais transeuntes, a força do escândalo que emana do adultério. Eles querem levar até o seu término fatal o contágio mimético que desencadearam.

Para preparar a sua intervenção, para torná-la decisiva, Jesus precisa recolher-se um pouco, precisa ganhar tempo, e escreve no chão com o dedo. As pessoas sempre se perguntam o que ele teria escrito. Essa pergunta me parece vã. Podemos deixá-la com os fanáticos por linguagem e escrita. Nem sempre é necessário recomeçar a Idade Média.

Não é com o intuito de escrever que Jesus se curva, é por ter se curvado que ele escreve. Ele se curvou a fim de não olhar para aqueles que o desafiam com o olhar. Se Jesus respondesse a esse olhar, a multidão por sua vez se sentiria desafiada, seria o seu próprio olhar, o seu próprio desafio que reconheceria nos olhos de Jesus. O confronto levaria diretamente à violência, isto é, à morte da vítima que se trata de salvar. Jesus evita até a menor sombra de provocação.

E por fim ele fala: "Quem de vocês não tiver pecado, atire nela a primeira pedra!". Por que a primeira pedra? Porque é tão somente ela a decisiva. Aquele que a atira não tem ninguém para imitar. Não há nada mais fácil do que imitar um exemplo que já foi dado. Dar a si próprio o exemplo é totalmente diferente.

A multidão está mimeticamente mobilizada, mas ainda resta transpor a última barreira, a da violência real. Se alguém jogasse a primeira pedra, imediatamente choveriam pedras.

Ao chamar a atenção sobre a primeira pedra, a palavra de Jesus reforça esse derradeiro obstáculo ao apedrejamento. Ele dá tempo aos melhores dessa multidão para ouvirem a sua palavra e examinarem a si mesmos. Se for verdadeiro, esse exame não deixará de descobrir a relação circular da vítima e do algoz. O escândalo que essa mulher encarna aos seus olhos, esses homens já o carregam dentro de si e é para se livrarem dele que o projetam sobre ela com muito mais facilidade, é óbvio, por ela ser mesmo culpada.

Para apedrejar uma vítima com vontade, é preciso acreditar-se diferente dela, e a convergência mimética faz-se acompanhar de uma ilusão de divergência. É a convergência real combinada com a ilusão de divergência o que Jesus procura impedir, ou seja, o próprio mecanismo do bode expiatório.

A multidão precede o indivíduo. Só se torna realmente um indivíduo aquele que, destacando-se da multidão, escapa da unanimidade violenta. Nem todos são capazes de tanta iniciativa. Os que são capazes se desprendem primeiro e, fazendo isso, impedem o apedrejamento.

Essa imitação comporta uma dimensão autenticamente individual. A prova disso é o espaço de tempo mais ou menos longo exigido em função de cada indivíduo. O nascimento do indivíduo é o nascimento dos tempos individuais. Enquanto formarem uma multidão, esses homens se apresentarão todos juntos e falarão todos juntos para dizer exatamente a mesma coisa. A palavra de Jesus dissolve a multidão. Os homens vão embora um de cada vez, segundo a diferença do tempo necessário a cada um para ouvir a Revelação.

Como a maioria dos homens passa a vida toda imitando, eles nem sabem que vivem imitando. Até os mais capacitados a tomar iniciativas quase nunca as tomam. Para saber do que um indivíduo é capaz, é preciso uma situação extraordinária, tal como esse apedrejamento malogrado.

"Os mais velhos" renunciam primeiro. Talvez tenham o sangue menos quente que os mais novos, talvez a morte próxima os deixe menos exigentes com os outros, mais exigentes consigo mesmos. De qualquer forma, não importa. O que realmente importa é a distinção entre os primeiros e todos os demais.

Tendo saído os mais velhos, os não tão velhos e até os mais jovens saem da multidão, cada vez mais depressa à medida que os modelos se multiplicam. Quer se trate de atirar pedras ou, pelo contrário, de não atirá-las, *só o início tem valor. A verdadeira diferença está aí.*

Para os primeiros imitadores daqueles que começaram, ainda se pode falar em decisão, mas com um sentido que se enfraquece cada vez mais rapidamente à medida que a quantidade dos decididos aumenta. A decisão inicial, assim que é imitada, logo volta a ser contaminação pura, mecanismo social.

Paralelamente aos tempos individuais, então, há sempre um tempo social no nosso texto, mas ele reproduz daqui por diante os tempos individuais, é o tempo das modas e febres políticas, intelectuais, etc. O tempo fica pontuado por mecanismos miméticos.

Ser o primeiro a sair da multidão, ser o primeiro a atirar pedras, é correr o risco de também receber pedradas. A decisão em sentido contrário teria sido mais fácil, pois se encaixava diretamente na corrente da aceleração mimética já iniciada. A primeira pedra é menos mimética que as seguintes, mas nem por isso deixa de estar sendo carregada pela onda de mimetismo pela qual a multidão foi criada.

E os primeiros que tomam uma decisão contra o apedrejamento? Deve-se pensar que pelo menos neles não há imitação alguma? Certamente que não. Mesmo nesse caso há imitação, já que Jesus sugere a esses homens que eles ajam como acabaram agindo. *A decisão contra a violência continuaria impossível,* nos diz o cristianismo, *sem esse Espírito Divino que se chama o Paracleto,* isto é, em grego, como já recordei, "o advogado de defesa": e aqui é exatamente o papel do próprio Jesus. Aliás, ele dá a entender que ele próprio é o primeiro Paracleto, o primeiro defensor das vítimas. E o é sobretudo através da Paixão que fica aqui, obviamente, subentendida.

A teoria mimética enfatiza a propensão universal para seguir modelos. A teoria mimética assinala a impotência dos homens em não imitar os exemplos mais fáceis, os exemplos mais seguidos, porque é isso que predomina em toda sociedade. Não se deve concluir a partir disso que eu negue a liberdade individual. Ao situar a verdadeira decisão no seu contexto real, o dos contágios miméticos presentes por toda parte, essa teoria dá ao que não é mecânico – muito embora isso absolutamente não difira quanto à sua forma de tudo o que o é – um destaque que a livre decisão não tem nos pensadores que usam e abusam da liberdade e que, por isso mesmo, apesar de acharem que a exaltam, a desvalorizam completamente. Quando se glorifica o decisivo sem ver o que o torna muito árduo, nunca se vai além da metafísica vazia.

Até a renúncia ao mimetismo violento não consegue se expandir sem se transformar em mecanismo social, em mimetismo cego. Há um apedrejamento pelo avesso, simétrico ao apedrejamento comum, não desprovido de violência, tampouco. É o que mostram claramente as paródias do nosso tempo.

Todos aqueles que teriam atirado pedras, se lá houvesse alguém para atirar a primeira, são mimeticamente levados a não atirar nenhuma. Para a maioria deles, a verdadeira razão para a não violência não é a dura reflexão sobre si, a renúncia à violência: é o mimetismo, como de costume. Há sempre um arroubo mimético numa direção ou na outra. Enquanto se precipitam na direção já escolhida pelos primeiros, os imitadores (*mimic men*) se parabenizam por seu espírito de decisão e de liberdade.

É bom não se enganar. Numa sociedade que não apedreja mais as mulheres adúlteras, muitos homens não mudaram de fato. A violência é menor, mais bem dissimulada, porém estruturalmente é idêntica ao que sempre foi.

Não se dá uma saída autêntica do mimetismo, e sim uma submissão mimética a uma cultura que prega essa saída. Em toda aventura social, seja qual for a sua natureza, a proporção de autêntico individualismo é obrigatoriamente mínima, mas não inexistente.

E, sobretudo, não se deve esquecer que o mimetismo que poupa as vítimas é infinitamente superior objetiva e moralmente ao que lhes dá a morte a pedradas. Vamos deixar as falsas equivalências com Nietzsche e com os esteticismos decadentes.

O relato da mulher adúltera nos faz ver que comportamentos sociais idênticos na forma, e até certo ponto também no conteúdo, já que todos são miméticos, podem diferir entre si até o infinito. A parcela de mecanismo e de liberdade que comportam é infinitamente variável. Mas essa inesgotável diversidade não prova nada a favor do niilismo cognitivo; ela não prova que os comportamentos são incomparáveis e incognoscíveis. Tudo o que precisamos conhecer para resistir aos automatismos sociais, aos contágios miméticos galopantes está acessível ao conhecimento.

M. T.: Obrigado. É uma demonstração bela e completa até demais para que eu continue com o meu assédio nestas páginas! Uma única pergunta. Acredito ter ouvido o senhor dizer que com o bem ocorre o mesmo, o bem só se impõe por mimetismo. Em suma, um bom número de cristãos só o são por mimetismo, para fazer o que os vizinhos fazem... Será que, apesar de tudo, não é uma concepção pouquíssimo democrática do homem? Não que isso seja necessariamente uma crítica, mas eu gostaria de um comentário seu. Haveria gente que nasce para ser aquele que dá os primeiros passos, para ser os cabeças dos homens, em suma?

R. G.: É exagero dizer que "o bem só se impõe por mimetismo". Os homens que dão os primeiros passos não são necessariamente os que a sociedade chama de "chefes". O primeiro passo pode consistir em aceitar ser seguidor, em vez de liderar.

M. T.: O senhor há pouco lembrava que os evangelistas eram apenas homens que não tinham entendido tudo na hora, destacava que para nós tanto quanto para eles um trabalho intelectual posterior era necessário para dominar ou talvez criar o sentido dos acontecimentos. Também mencionou Stephen Dedalus de Joyce como alvo da hostilidade dos críticos literários. O senhor sofre ao ver a sua obra tão pouco aceita? Ou, pelo contrário, recearia vê-la compreendida rapida e facilmente demais?

R. G.: O que quer que um autor possa alegar, ele nunca fica indiferente ao modo como é recebido. Se for mal recebido, ele conta com a posteridade, ou com o apocalipse, para vingá-lo. Eu posso ser interpretado assim...

M. T.: O senhor reflete sobre a totalidade do fenômeno humano, acerca dos comportamentos individuais tanto quanto os mitos coletivos, a história e a pré-história, etc. Diante de tamanha quantidade de informações, já chegou a sentir os limites do cérebro humano?

R. G.: Novamente, ao que me parece, o senhor está tomando as coisas pelo avesso. O meu saber não é tão grande quanto parece. É a minha intuição que vem em primeiro lugar, é ela que me conduz aos exemplos marcantes, ou que os registra na minha memória quando deparo por acaso com eles. O senhor dirá que eu procedo a uma seleção em benefício das minhas teses. Isso é bem óbvio. Não se pode concluir daí que essas teses sejam falsas. Os exemplos menos marcantes no início da análise seriam frequentemente muito bons no seu término, mas seria preciso dedicar a isso mais tempo do que dedicamos. Análises extensas demais não conviriam a uma conversa como esta nossa. Não convêm nem mesmo em publicações científicas, a julgar pela incompreensão de que os meus livros são um alvo frequente, até mesmo e sobretudo nos meios "especializados".

Com certeza parte da responsabilidade por essa situação cabe a mim. Tenho a impressão de que nunca consegui expor a minha intuição na ordem mais lógica, didática e compreensível possível.

M. T.: Mas será que existe uma? A minha tendência seria dizer que tamanho conjunto, com tamanhas conexões transversais, não pode resultar numa exposição linear sem inúmeros retrocessos, retomadas parciais, etc. Sua imagem global não é uma linha, é mais propriamente um inextricável novelo semelhante à rede de neurônios do nosso cérebro. Este último chega até a ser comparado algumas vezes a um holograma: quando um ferimento lhe amputa um lobo, as porções vizinhas aprendem a assumir as funções que desapareceram com ele; porque o todo está em cada parcela. Eis por que receio que as soluções elegantes demais, únicas demais, não passem de ciladas armadas para a nossa vaidade pela lógica que eu transformaria de bom grado num "Satanás" ou num "Anticristo" do espírito...

R. G.: Suas metáforas são excelentes, mas apesar de tudo eu não desisto de encontrar uma ordem melhor. A tese mimética me lembra, ainda mais do que um novelo muito embaralhado, um desses mapas rodoviários que vão sendo cada vez mais dobrados até virarem um retangulozinho de nada. Para usá-los é preciso desdobrá-los, e depois tornar a dobrá-los. Os desajeitados como eu nunca encontram as dobras iniciais e não demora muito para que o mapa se rasgue. São esses rasgos que levam os céticos a pensar que, na minha cabeça, não há um mapa único, mas fragmentos que de um modo meio forçado se conseguiu juntar e colar de novo, o "sistema Girard" uma vez mais, que mal serve para distrair os passantes por um minuto, antes de ser posto de lado.

Se eu ainda pudesse fazer só mais uma coisa, no tempo que me resta, gostaria de aprender a desdobrar e tornar a dobrar o meu mapa rodoviário para que ele não se rasgasse mais. Se eu conseguisse isso, poderia então escrever uma apologia ao cristianismo acessível às pessoas ditas sem cultura, a todos que talvez não estejam completamente errados por não acompanharem nada do que aconteceu nos últimos trinta anos nas ciências sociais e na filosofia.

M. T.: Ao folhear os textos das nossas diversas conversas (ao longo de dez anos), durante as quais aconteceu de eu lhe fazer mais de uma vez as mesmas perguntas, às vezes me deparo aqui e ali com uma resposta iluminadora, um atalho absolutamente fulminante: e penso comigo que talvez o senhor próprio os tenha esquecido!

R. G.: Eu também tenho às vezes a impressão de encontrar e então, depois, de esquecer...

M. T.: Esse tópico me interessa porque temos de nos virar com o nosso corpo, com a nossa linguagem de homens, e porque, um pouco antes, o que o senhor dizia sobre a criação "que só é possível em meio à tradição" me deixou um tanto insatisfeito. Não dissemos nada de *novo* propriamente dito, muito embora seja a única coisa que nos transforme. Já se demonstrou que os neurônios que entram em jogo no momento em que surgem novas ideias são os mesmos que controlam o desencadeamento do sonho...

R. G.: É formidável se for verdade!

M. T.: O meio de se aproximar dessa sensação é precisamente constatar que em ambos os casos estamos às voltas com o mesmo fenômeno de amnésia imediata. Uma ideia surge e, se não for anotada, desaparece como o sonho no instante do despertar.

R. G.: Exato! Vou tomar um café, pensando: "anoto isso na volta"; mas aí é sempre tarde demais!

Nos últimos tempos pode ser que tenha havido algum progresso em determinadas formulações... Tudo me foi dado a ver em 1959. Eu sentia que existia aí um bloco onde fui penetrando pouco a pouco. Já estava inteiramente ali, desde o primeiro momento, tudo junto. É por isso que eu não tenho dúvida alguma... Não há um "sistema Girard". Eu exploro uma intuição única, porém muito densa.

M. T.: O senhor já contou como, depois de uma juventude bem moderadamente cristã, chegou, primeiro através dos romancistas, de Proust, às suas ideias atuais. Pessoalmente, suspeito que esteja escondendo algum acontecimento que o senhor nunca teria contado, uma experiência mística, um verdadeiro encontro com Deus no estilo de "O Caminho de Damasco".[3]

---

[3] Alusão à conversão de Saulo, ocorrida na viagem de Jerusalém a Damasco. Convertido ao cristianismo, Saulo adotou o nome Paulo. (N. T.)

R. G.: Dizer que a minha juventude foi cristã, mesmo que moderadamente, é um exagero. A minha mãe, é claro, era uma excelente católica, que tinha ao mesmo tempo uma fé sólida e largueza de espírito. Quando digo isso aos devotos da psicanálise, eles meneiam a cabeça com ar de quem já entendeu tudo. É um enorme alívio para eles. Há, porém, aqueles que não se contentam com o "retorno à mãe". Certas senhoras que apalpam o meu complexo de Édipo acham-no "*duriúsculo*, para não dizer duro".[4] Já fui contemplado com uns três ou quatro artigos a esse respeito.[5] Isso me deixa bastante orgulhoso.

Eu não escondo a minha biografia, mas não quero cair no narcisismo, para o qual nós todos temos certa inclinação. O senhor tem razão, é claro, há uma experiência pessoal por trás do que eu digo. Ela começou há 35 anos. No outono de 1958, eu trabalhava no meu livro sobre o romance, no décimo segundo e último capítulo que se intitula "Conclusão". Estava cogitando as analogias entre a experiência religiosa e a do romancista que descobre ser um mentiroso sistemático, mentiroso em proveito do seu Eu, o qual consiste, no fundo, apenas em mil mentiras acumuladas por longo tempo, às vezes capitalizadas durante uma vida inteira.

Acabei entendo que eu estava vivenciando uma experiência do tipo daquela que eu descrevia. Embrionário nos

---

[4] Molière, *O Doente Imaginário*, Ato II, Cena VI. É o doutor Diafoirus Filho que propõe o termo ao pai médico ao apalpar o pulso de Argan.
[5] Entre outros, Sarah Kofman, em *L'Énigme de la Femme* (Galilée 80, p. 70-77); Toril Moi, "The Missing Mother; The Odipal Rivalries of René Girard" (*Diacritics*, Summer 92, p. 21-31).

romancistas, o simbolismo religioso no meu caso se pôs a andar sozinho e a inflamar-se espontaneamente. Eu não podia mais me iludir quanto ao que estava acontecendo comigo, e me sentia muito desorientado, pois costumava ver no meu ceticismo um motivo de orgulho. Não conseguia me imaginar indo à igreja, ajoelhando-me, etc. Eu era um barril de vento, cheio daquilo que os velhos catecismos chamavam de "respeito humano".

Intelectualmente eu tinha me convertido, mas continuava incapaz de harmonizar a minha vida com os meus pensamentos. Durante o período de alguns meses, a fé se transformou para mim numa fruição delicada e que engrandecia os demais prazeres, um petisco a mais numa vida que não tinha nada de criminosa, é claro, mas que era constituída de autoindulgência, *self-indulgence*, como os ingleses dizem tão bem.

Como eu tinha ficado estranhamente sensível à música depois da minha conversão, passei a ouvir muita música. A pouca cultura musical que possuo, inclusive em termos de ópera, vem dessa época. É esquisito, mas *As Bodas de Fígaro* são para mim a música mística por excelência. Juntamente com o canto gregoriano. Passei a gostar também de qualquer música "moderna", que nunca tinha apreciado antes: Mahler, Stravinski, os russos contemporâneos.

Durante o inverno de 1959, eu já ministrava aulas na John Hopkins, mas dava um curso no Bryn Mawr College onde tinha passado quatro anos, e fazia o percurso de ida e volta a Baltimore-Filadélfia toda semana naqueles vagões antigos da Pennsylvania Railroad que rangiam e

chacoalhavam. A paisagem era quase só de ferro velho
e de terrenos baldios naquela velha região industrial,
o Delaware e o sul da Filadélfia, mas meu estado mental transfigurava tudo e, na volta, o menor raio do sol
poente despertava em mim verdadeiros êxtases. Foi nesse
trem que, numa bela manhã, descobri no meio da testa
uma pequena ferida que não queria se fechar, uma dessas
feridinhas como câncer de pele que, na verdade, não
são lá muito perigosas; mas o médico que eu consultei
se esqueceu de me informar isso, por ter ficado extremamente preocupado, acho, depois de ter lançado um
olhar de relance para me avaliar e de ter me escutado por
alguns instantes, com ideia de que eu pudesse a qualquer
momento fazer novamente a travessia do Atlântico sem
pagar os seus honorários... Felizmente, eu tinha seguro
médico, e tudo o que se devia fazer foi feito para me
livrar para sempre da minha pequena ferida...

M. T.: Um *tilak* como aquele que os hindus desenham na
testa antes de entrar no templo...

R. G.: Um sinal religioso. E eis que, pouco depois, apareceram reações um tanto anormais no próprio local da minúscula cirurgia. A serenidade do meu médico ficou um
pouco perturbada, para falar a verdade bem menos do
que da primeira vez, ao passo que a minha, pelo contrário, estava bem mais alterada. Pareceu-me evidente que
eu estava passando por uma recorrência do meu câncer e
que daquela vez só podia ser fatal para mim.

O meu dermatologista era rigoroso e, desde aquela
época, ele simboliza aos meus olhos tudo quanto há de
formidável e até de fatal na medicina norte-americana,

quem sabe a melhor do mundo, mas ele era também
implacável, não só no aspecto financeiro, mas pelo seu
extremo cuidado em não tranquilizar a clientela, em não
alimentar ilusões enganosas. Essa medicina me lembra
um pouco os salteadores de beira de estrada, que limpam
rapidamente o bolso das pessoas, repetindo sem parar
ameaças de morte. Fica fora de cogitação ter a menor
reação. Instantes depois, a pessoa dá por si arrastada pela
rua da amargura, completamente curada.

No que me diz respeito, o período de angústia demorou
um pouco mais. Começou na Semana da Septuagésima.
Antes das reformas litúrgicas do último Concílio, o domingo da Septuagésima abria um período de duas semanas dedicado à preparação dos quarenta dias da quaresma, durante a qual espera-se que os fiéis, à imitação de
Jesus e dos seus quarenta dias de jejum no deserto, façam
penitência *in cinere et celicio* – sob o cilício e as cinzas.

Fiz uma preparação e tanto da quaresma naquele ano,
eu lhe garanto, e a quaresma que se seguiu foi também
excelente, pois a minha aflição aumentou a ponto de me
fazer perder o sono, até o dia em que, tão repentinamente
quanto havia começado, ela se resolveu com uma última
visita ao meu oráculo da medicina. Tendo feito todas as
análises necessárias, aquele homem excelente declarou-me curado, na Quarta-feira de Cinzas para ser bem preciso, ou seja, no dia, durante a Semana Santa, que precede
a Paixão propriamente dita e a festa da Páscoa, encerramento oficial de toda penitência.

Eu jamais tomei parte de uma festa semelhante a
essa redenção. Eu me via morto e, de súbito, estava

ressuscitado. O mais maravilhoso para mim nisso tudo foi que a minha convicção intelectual e espiritual, a minha verdadeira conversão, tinha ocorrido antes do meu enorme susto da quaresma. Se tivesse ocorrido depois, eu não teria jamais chegado a crer verdadeiramente. O meu ceticismo natural teria me convencido que a fé era o resultado do medo. O medo, por sua vez, não podia ser unicamente o resultado da fé. A duração da minha noite de escuridão coincidiu, com toda a exatidão, com o período prescrito pela Igreja para a penitência dos pecadores, com três dias de graça, os mais importantes de todos, misericordiosamente subtraídos, sem dúvida para que eu pudesse me reconciliar em plena quietude com a Igreja antes da festa da Páscoa.

Deus tinha-me feito uma advertência com uma ponta de humor bem merecida, no fundo, pela mediocridade do meu caso. Nos dias que se seguiram à Páscoa, liturgicamente consagrados ao batismo dos catecúmenos, os meus dois filhos foram batizados e eu me casei catolicamente. Tenho a convicção de que Deus envia aos homens um grande número de sinais que não têm existência objetiva alguma para os sábios e os cientistas. Aqueles a quem esses sinais não dizem respeito os julgam imaginários, mas aqueles a quem são destinados não podem se enganar, pois vivenciam a experiência de dentro. Eu logo compreendi que, se conseguisse escapar, a lembrança dessa provação me sustentaria pela vida afora, e de fato foi o que sucedeu.

Desde o início, o meu cristianismo esteve banhado numa atmosfera de tradição litúrgica. Há pessoas muito bem-intencionadas para comigo, e convencionalmente anticristãs, que fazem a maior questão de fazer de mim, para defender a minha reputação nos meios intelectuais, um herege roxo, um inimigo feroz do "cristianismo histórico", pronto para jogar bombas em todas as pias de água-benta.

Quando digo que a Igreja permaneceu sacrificial por muito tempo, teria eu acrescentado o meu coice ritual àquele de todos os jumentos que perseguem obstinada e selvagemente a nossa Santa Mãe no presente momento? Com certeza, não posso senão confessá-lo, dei mostras de certa demagogia mimética na expressão. Eu deveria ter situado melhor as minhas colocações na nossa história religiosa total. Mas não queria repetir o erro desses fariseus dos quais falei há pouco, os que dizem: "Se tivéssemos vivido no tempo dos nossos pais, não teríamos participado com eles do assassinato fundador". Não tenho nem de longe a intenção de condenar a fidelidade, a obediência, a paciência, a modéstia dos cristãos comuns e as das gerações que nos antecederam. Todas essas virtudes faltam tremendamente entre nós. Eu próprio aderi demais à minha época para possuí-las, mas eu as venero. Nada me parece mais conformista, pelo contrário, nada me parece mais servil hoje em dia do que a mitologia desgastada da "revolta".

As minhas obras estão salpicadas de umas sobras de presunção vanguardista, porém os meus verdadeiros leitores cristãos souberam lidar com isso devidamente, o padre Schwager, o padre Lohfink, o último Von Balthazar, o padre Corbin, o padre Alison, e outros mais.

M. T.: O senhor é o único ou pelo menos um dos únicos a dizer o que diz, e por sinal o senhor havia intitulado um dos seus primeiros livros *Coisas Ocultas desde a Fundação do Mundo*. O senhor é um profeta?

R. G.: Não, absolutamente. Não sou mais que uma espécie de exegeta. Todo profetismo cessa com a Revelação evangélica. A frase de Jesus "eu revelarei coisas ocultas desde a fundação do mundo" está no futuro, pois é uma citação do Antigo Testamento aplicada à Revelação cristã.

Amigos italianos me mostraram um dia, depois da publicação do livro que leva esse título temível, um artigo do *Corriere della Sera* no qual Françoise Giroud explicava aos milaneses que Paris estava sendo assolada por um novo megalômano, ainda mais hilariante que o restante da tribo: ele alegava que iria revelar, sozinho e sem mais ninguém, segurem-se bem, "coisas ocultas desde a fundação do mundo".

Encontro todos os dias gente que acha que eu inventei esse título da minha própria cabeça e me taxam como a senhora Giroud. Entre as primeiras resenhas das minhas ideias religiosas, acho que a metade pelo menos é desse tipo, só que em geral numa versão menos divertida do que a da senhora Giroud, cuja prosa não é mesmo de se jogar fora, principalmente em italiano.

M. T.: Mas por que René Girard chegou agora? Por que não no ano 1000, no ano 1500?

R. G.: Alto lá, o senhor está exagerando! Três quartos do que eu digo estão em Santo Agostinho.

M. T.: Às vezes eu penso, pelo contrário, que o senhor se limita a retomar ao pé da letra o programa e os comentários dos apóstolos. Por exemplo, um pouco antes,[6] o senhor citou o profeta Joel, e eu me dei conta no entanto de que é simplesmente uma citação de Pedro no início dos Atos. Mas eu acho que está ainda mais próximo de Paulo: o senhor é uma reencarnação de São Paulo! Com um vocabulário mais moderno e com um conhecimento do que se passou nos últimos 2 mil anos.

R. G.: A citação de Joel está por trás de todos os textos de que falamos, que o associam sempre ao Espírito Santo. Vejamos a Bíblia de Jerusalém: Depois disto, / derramarei o meu Espírito sobre toda carne. / Vossos filhos e vossas filhas profetizarão, / vossos anciãos terão sonhos, / vossos jovens terão visões. / Até sobre os escravos e sobre as escravas, / naqueles dias, derramarei o meu Espírito.

A minha contribuição consiste, creio, numa inversão das conclusões do movimento comparatista, suscitada pela grande investigação antropológica do século XIX e do início do século XX. Descobriu-se então que uma violência sempre coletiva, sempre parecida com a violência da Paixão já está ali, por toda parte, no coração do religioso primitivo. Essa ideia está correta, ela até constitui a meu ver a descoberta essencial da etnologia moderna que, desde então, não descobriu mais grande coisa.

Os etnólogos, é claro, atiraram-se sobre essa informação e viram nela a prova cabal de que o cristianismo é uma

---

[6] No início do capítulo VIII.

religião como as outras. Já os cristãos procuraram evitar o golpe mostrando que o cristianismo é original apesar de tudo, original no sentido romântico e moderno de "esteticamente novo". Eles não entenderam que, em vez de fugir do paralelismo entre o cristianismo e as demais religiões na questão da violência, era preciso meditar sobre a coisa e constatar que o cristianismo interpreta essa violência de um modo completamente diferente das religiões primitivas. A originalidade consiste em voltar à origem desvendando-a.

Paradoxalmente, o único que compreendeu um pouco esse problema foi Nietzsche, sempre ele, o Nietzsche dos últimos dias de lucidez, essencial quanto ao aspecto religioso, aquele de quem Heidegger nem queria ouvir falar. Contudo, leiamos a seguinte passagem:

> Dioniso contra o crucificado: eis aí a oposição. *Não é uma diferença quanto ao martírio – mas este aqui tem um sentido diferente.*
>
> A própria vida, a sua eterna fecundidade, o seu eterno retorno determinam o tormento, a destruição, a vontade de aniquilar.
>
> No outro caso, o sofrimento, *o crucificado* enquanto o "inocente", serve de argumento contra essa vida, de fórmula da sua condenação...[7]

---

[7] *Œuvres Complètes XIV, Fragments Posthumes 88-89.* Paris, Gallimard, 1977, p. 63. Os grifos são de René Girard.

Pode-se dizer, sem paradoxo ou quase, que esse texto é o maior texto teológico do século XIX. Ele só se engana a respeito da inocência de Jesus, que não é um argumento contra a vida, uma mera "calúnia" das demais religiões – a expressão está num texto próximo ao citado –, mas a verdade nua: em outras palavras, é a mentira de todas as religiões propriamente míticas que a Páscoa evangélica desvenda ao virá-la pelo avesso como uma luva. Os Evangelhos denunciam a ideia de que não só as vítimas de Dioniso, mas todos os Édipos e outros heróis míticos são culpados pelas pestes e pelas mais diversas calamidades, que a sua expulsão "cura"; eles denunciam a violência do religioso fundado sobre vítimas arbitrárias. E é o desvendar dessa verdade que, desde então, abala as nossas sociedades.

O único erro de Nietzsche, propriamente *luciferino* (no sentido do "porta-luz") é o de escolher a violência contra a verdade inocente da vítima, verdade que no entanto ele, Nietzsche, é o único a entrever diante da cegueira positivista de todos os etnólogos ateus e dos próprios cristãos. Para entender que o século XX e os seus genocídios, longe de matar o cristianismo, tornaram a sua verdade mais radiante, basta ler Nietzsche com os olhos bem abertos e situar no eixo dessa leitura todos os desastres causados pelas nossas escolhas dionisíacas e sacrificiais: a começar pela loucura que estava prestes a se abater sobre o próprio pensador, tão significativa quanto as demências políticas e históricas que se seguiram.

breve explicação

Arnaldo Momigliano inspira nossa tarefa, já que a alquimia dos antiquários jamais se realizou: nenhum catálogo esgota a pluralidade do mundo e muito menos a dificuldade de uma questão complexa como a teoria mimética.

O cartógrafo borgeano conheceu constrangimento semelhante, como Jorge Luis Borges revelou no poema "La Luna". Como se sabe, o cartógrafo não pretendia muito, seu projeto era modesto: "cifrar el universo / En un libro". Ao terminá-lo, levantou os olhos "con ímpetu infinito", provavelmente surpreso com o poder de palavras e compassos. No entanto, logo percebeu que redigir catálogos, como produzir livros, é uma tarefa infinita:

> Gracias iba a rendir a la fortuna
> Cuando al alzar los ojos vio un bruñido
> Disco en el aire y comprendió aturdido
> Que se había olvidado de la luna.

Nem antiquários, tampouco cartógrafos: portanto, estamos livres para apresentar ao público brasileiro uma cronologia que não se pretende exaustiva da vida e da obra de René Girard.

Com o mesmo propósito, compilamos uma bibliografia sintética do pensador francês, privilegiando os livros publicados. Por isso, não mencionamos a grande quantidade de ensaios e capítulos de livros que escreveu, assim como de entrevistas que concedeu. Para o leitor interessado numa relação completa de sua vasta produção, recomendamos o banco de dados organizado pela Universidade de Innsbruck: http://www.uibk.ac.at/rgkw/mimdok/suche/index.html.en.

De igual forma, selecionamos livros e ensaios dedicados, direta ou indiretamente, à obra de René Girard, incluindo os títulos que sairão na Biblioteca René Girard. Nosso objetivo é estimular o convívio reflexivo com a teoria mimética. Ao mesmo tempo, desejamos propor uma coleção cujo aparato crítico estimule novas pesquisas.

Em outras palavras, o projeto da Biblioteca René Girard é também um convite para que o leitor venha a escrever seus próprios livros acerca da teoria mimética.

cronologia de René Girard

René Girard nasce em Avignon (França) no dia 25 de dezembro de 1923; o segundo de cinco filhos. Seu pai trabalha como curador do Museu da Cidade e do famoso "Castelo dos Papas". Girard estuda no liceu local e recebe seu *baccalauréat* em 1940.

De 1943 a 1947 estuda na École des Chartes, em Paris, especializando-se em história medieval e paleografia. Defende a tese *La Vie Privée à Avignon dans la Seconde Moitié du XVme Siècle*.

Em 1947 René Girard deixa a França e começa um doutorado em História na Universidade de Indiana, Bloomington, ensinando Literatura Francesa na mesma universidade. Conclui o doutorado em 1950 com a tese *American Opinion on France, 1940-1943*.

No dia 18 de junho de 1951, Girard casa-se com Martha McCullough. O casal tem três filhos: Martin, Daniel e Mary.

Em 1954 começa a ensinar na Universidade Duke e, até 1957, no Bryn Mawr College.

Em 1957 torna-se professor assistente de Francês na Universidade Johns Hopkins, em Baltimore.

Em 1961 publica seu primeiro livro, *Mensonge Romantique et Vérité Romanesque*, expondo os princípios da teoria do desejo mimético.

Em 1962 torna-se professor associado na Universidade Johns Hopkins.
Organiza em 1962 *Proust: A Collection of Critical Essays*, e, em 1963, publica *Dostoïevski, du Double à l'Unité*.
Em outubro de 1966, em colaboração com Richard Macksey e Eugenio Donato, organiza o colóquio internacional "The Languages of Criticism and the Sciences of Man". Nesse colóquio participam Lucien Goldmann, Roland Barthes, Jacques Derrida, Jacques Lacan, entre outros. Esse encontro é visto como a introdução do estruturalismo nos Estados Unidos. Nesse período, Girard desenvolve a noção do assassinato fundador.
Em 1968 tranfere-se para a Universidade do Estado de Nova York, em Buffalo, e ocupa a direção do Departamento de Inglês. Principia sua colaboração e amizade com Michel Serres. Começa a interessar-se mais seriamente pela obra de Shakespeare.
Em 1972 publica *La Violence et le Sacré*, apresentando o mecanismo do bode expiatório. No ano seguinte, a revista *Esprit* dedica um número especial à obra de René Girard.
Em 1975 retorna à Universidade Johns Hopkins.
Em 1978, com a colaboração de Jean-Michel Oughourlian e Guy Lefort, dois psiquiatras franceses, publica seu terceiro livro, *Des Choses Cachées depuis la Fondation du Monde*. Trata-se de um longo e sistemático diálogo sobre a teoria mimética compreendida em sua totalidade.
Em 1980, na Universidade Stanford, recebe a "Cátedra Andrew B. Hammond" em Língua, Literatura e Civilização Francesa. Com a colaboração de Jean-Pierre Dupuy, cria e dirige o "Program for Interdisciplinary Research", responsável pela realização de importantes colóquios internacionais.

Em 1982 publica *Le Bouc Émissaire* e, em 1985, *La Route Antique des Hommes Pervers*. Nesses livros, Girard principia a desenvolver uma abordagem hermenêutica para uma leitura dos textos bíblicos com base na teoria mimética.

Em junho de 1983, no Centre Culturel International de Cerisy-la-Salle, Jean-Pierre Dupuy e Paul Dumouchel organizam o colóquio "Violence et Vérité. Autour de René Girard". Os "Colóquios de Cerisy" representam uma referência fundamental na recente história intelectual francesa.

Em 1985 recebe, da Frije Universiteit de Amsterdã, o primeiro de muitos doutorados *honoris causa*. Nos anos seguintes, recebe a mesma distinção da Universidade de Innsbruck, Áustria (1988); da Universidade de Antuérpia, Bélgica (1995); da Universidade de Pádua, Itália (2001); da Universidade de Montreal, Canadá (2004); da University College London, Inglaterra (2006); da Universidade de St Andrews, Escócia (2008).

Em 1990 é criado o Colloquium on Violence and Religion (COV&R). Trata-se de uma associação internacional de pesquisadores dedicada ao desenvolvimento e à crítica da teoria mimética, especialmente no tocante às relações entre violência e religião nos primórdios da cultura. O Colloquium on Violence and Religion organiza colóquios anuais e publica a revista *Contagion*. Girard é o presidente honorário da instituição. Consulte-se a página: http://www.uibk.ac.at/theol/cover/.

Em 1990 visita o Brasil pela primeira vez: encontro com representantes da Teologia da Libertação, realizado em Piracicaba, São Paulo.

Em 1991 Girard publica seu primeiro livro escrito em inglês: *A Theatre of Envy: William Shakespeare* (Oxford University Press). O livro recebe o "Prix Médicis", na França.

Em 1995 aposenta-se na Universidade Stanford.

Em 1999 publica *Je Vois Satan Tomber comme l'Éclair*. Desenvolve a leitura antropológica dos textos bíblicos com os próximos dois livros: *Celui par qui le Scandale Arrive* (2001) e *Le Sacrifice* (2003).

Em 2000 visita o Brasil pela segunda vez: lançamento de *Um Longo Argumento do Princípio ao Fim. Diálogos com João Cezar de Castro Rocha e Pierpaolo Antonello*.

Em 2004 recebe o "Prix Aujourd'hui" pelo livro *Les Origines de la Culture. Entretiens avec Pierpaolo Antonello et João Cezar de Castro Rocha*.

Em 17 de março de 2005 René Girard é eleito para a Académie Française. O "Discurso de Recepção" foi feito por Michel Serres em 15 de dezembro. No mesmo ano, cria-se em Paris a Association pour les Recherches Mimétiques (ARM).

Em 2006 René Girard e Gianni Vattimo dialogam sobre cristianismo e modernidade: *Verità o Fede Debole? Dialogo su Cristianesimo e Relativismo*.

Em 2007 publica *Achever Clausewitz*, um diálogo com Benoît Chantre. Nessa ocasião, desenvolve uma abordagem apocalíptica da história.

Em outubro de 2007, em Paris, é criada a "Imitatio. Integrating the Human Sciences", (http://www.imitatio.org/), com apoio da Thiel Foundation. Seu objetivo é ampliar e promover as consequências da teoria girardiana sobre o comportamento humano e a cultura. Além disso, pretende apoiar o estudo interdisciplinar da teoria mimética. O primeiro encontro da Imitatio realiza-se em Stanford, em abril de 2008.

Em 2008 René Girard recebe a mais importante distinção da Modern Language Association (MLA): "Lifetime Achievement Award".

bibliografia de René Girard

Mensonge Romantique et Vérité Romanesque. Paris: Grasset, 1961. [*Mentira Romântica e Verdade Romanesca.* Trad. Lília Ledon da Silva. São Paulo: Editora É, 2009.]
Proust: A Collection of Critical Essays. Englewood Cliffs: Prentice Hall, 1962.
Dostoïevski, du Double à l'Unité. Paris: Plon, 1963. (Este livro será publicado na Biblioteca René Girard)
La Violence et le Sacré. Paris: Grasset, 1972.
Critique dans un Souterrain. Lausanne: L'Age d'Homme, 1976.
To Double Business Bound: Essays on Literature, Mimesis, and Anthropology. Baltimore: Johns Hopkins University Press, 1978. (Este livro será publicado na Biblioteca René Girard)
Des Choses Cachées depuis la Fondation du Monde. Pesquisas com Jean-Michel Oughourlian e Guy Lefort. Paris: Grasset, 1978.
Le Bouc Émissaire. Paris: Grasset, 1982.
La Route Antique des Hommes Pervers. Paris: Grasset, 1985.
Violent Origins: Walter Burkert, René Girard, and Jonathan Z. Smith on Ritual Killing and Cultural Formation. Org. Robert Hamerton-Kelly. Stanford: Stanford University Press, 1988. (Este livro será publicado na Biblioteca René Girard)

A Theatre of Envy: William Shakespeare. Nova York: Oxford University Press, 1991. [*Shakespeare: Teatro da Inveja.* Trad. Pedro Sette-Câmara. São Paulo: Editora É, 2010.]

Quand ces Choses Commenceront... Entretiens avec Michel Treguer. Paris: Arléa, 1994. (Este livro será publicado na Biblioteca René Girard)

The Girard Reader. Org. James G. Williams. Nova York: Crossroad, 1996.

Je Vois Satan Tomber comme l'Éclair. Paris: Grasset, 1999.

Um Longo Argumento do Princípio ao Fim. Diálogos com João Cezar de Castro Rocha e Pierpaolo Antonello. Rio de Janeiro: Topbooks, 2000. Este livro, escrito em inglês, foi publicado, com algumas modificações, em italiano, espanhol, polonês, japonês, coreano, tcheco e francês. Na França, em 2004, recebeu o "Prix Aujourd'hui".

Celui par Qui le Scandale Arrive: Entretiens avec Maria Stella Barberi. Paris: Desclée de Brouwer, 2001. (Este livro será publicado na Biblioteca René Girard)

La Voix Méconnue du Réel: Une Théorie des Mythes Archaïques et Modernes. Paris: Grasset, 2002. (Este livro será publicado na Biblioteca René Girard)

Il Caso Nietzsche. La Ribellione Fallita dell'Anticristo. Com colaboração e edição de Giuseppe Fornari. Gênova: Marietti, 2002.

Le Sacrifice. Paris: Bibliothèque Nationale de France, 2003. (Este livro será publicado na Biblioteca René Girard)

Oedipus Unbound: Selected Writings on Rivalry and Desire. Org. Mark R. Anspach. Stanford: Stanford University Press, 2004.

Miti d'Origine. Massa: Transeuropa Edizioni, 2005. (Este livro será publicado na Biblioteca René Girard)

Verità o Fede Debole. Dialogo su Cristianesimo e Relativismo. Com Gianni Vattimo. Org. Pierpaolo Antonello. Massa: Transeuropa Edizioni, 2006.

Achever Clausewitz (Entretiens avec Benoît Chantre). Paris: Carnets Nord, 2007. (Este livro será publicado na Biblioteca René Girard)

Le Tragique et la Pitié: Discours de Réception de René Girard à l'Académie Française et Réponse de Michel Serres. Paris: Editions le Pommier, 2007. (Este livro será publicado na Biblioteca René Girard)

De la Violence à la Divinité. Paris: Grasset, 2007. Reunião dos principais livros de Girard publicados pela Editora Grasset, acompanhada de uma nova introdução para todos os títulos. O volume inclui *Mensonge Romantique et Vérité Romanesque, La Violence et le Sacré, Des Choses Cachées depuis la Fondation du Monde* e *Le Bouc Émissaire*.

Dieu, une Invention?. Com André Gounelle e Alain Houziaux. Paris: Editions de l'Atelier, 2007. (Este livro será publicado na Biblioteca René Girard)

Evolution and Conversion. Dialogues on the Origins of Culture. Com Pierpaolo Antonello e João Cezar de Castro Rocha. Londres: The Continuum, 2008. (Este livro será publicado na Biblioteca René Girard)

Anorexie et Désir Mimétique. Paris: L'Herne, 2008. (Este livro será publicado na Biblioteca René Girard)

Mimesis and Theory: Essays on Literature and Criticism, 1953-2005. Org. Robert Doran. Stanford: Stanford University Press, 2008.

La Conversion de l'Art. Paris: Carnets Nord, 2008. Este livro é acompanhado por um DVD, *Le Sens de l'Histoire*, que reproduz um diálogo com Benoît Chantre. (Este livro será publicado na Biblioteca René Girard)

Gewalt und Religion: Gespräche mit Wolfgang Palaver. Berlim: Matthes & Seitz Verlag, 2010.

Géométries du Désir. Prefácio de Mark Anspach. Paris: Ed. de L'Herne, 2011.

bibliografia selecionada sobre René Girard[1]

BANDERA, Cesáreo. *Mimesis Conflictiva: Ficción Literaria y Violencia en Cervantes y Calderón.* (Biblioteca Románica Hispánica – Estudios y Ensayos 221). Prefácio de René Girard. Madri: Editorial Gredos, 1975.

SCHWAGER, Raymund. *Brauchen Wir einen Sündenbock? Gewalt und Erläsung in den Biblischen Schriften.* Munique: Kasel, 1978.

DUPUY, Jean-Pierre e DUMOUCHEL, Paul. *L'Enfer des Choses: René Girard et la Logique de l'Économie.* Posfácio de René Girard. Paris: Le Seuil, 1979.

CHIRPAZ, François. *Enjeux de la Violence: Essais sur René Girard.* Paris: Cerf, 1980.

GANS, Eric. *The Origin of Language: A Formal Theory of Representation.* Berkeley: University of California Press, 1981.

AGLIETTA, M. e ORLÉAN, A. *La Violence de la Monnaie.* Paris: PUF, 1982.

---

[1] Agradecemos a colaboração de Pierpaolo Antonello, do St John's College (Universidade de Cambridge). Nesta bibliografia, adotamos a ordem cronológica em lugar da alfabética a fim de evidenciar a recepção crescente da obra girardiana nas últimas décadas.

OUGHOURLIAN, Jean-Michel. *Un Mime Nomme Desir: Hysterie, Transe, Possession, Adorcisme*. Paris: Éditions Grasset et Fasquelle, 1982. (Este livro será publicado na Biblioteca René Girard)

DUPUY, Jean-Pierre e DEGUY, Michel (orgs.). *René Girard et le Problème du Mal*. Paris: Grasset, 1982.

DUPUY, Jean-Pierre. *Ordres et Désordres*. Paris: Le Seuil, 1982.

FAGES, Jean-Baptiste. *Comprendre René Girard*. Toulouse: Privat, 1982.

MCKENNA, Andrew J. (org.). *René Girard and Biblical Studies (Semeia 33)*. Decatur, GA: Scholars Press, 1985.

CARRARA, Alberto. *Violenza, Sacro, Rivelazione Biblica: Il Pensiero di René Girard*. Milão: Vita e Pensiero, 1985.

DUMOUCHEL, Paul (org.). *Violence et Vérité – Actes du Colloque de Cerisy*. Paris: Grasset, 1985. Tradução para o inglês: *Violence and Truth: On the Work of René Girard*. Stanford: Stanford University Press, 1988.

ORSINI, Christine. *La Pensée de René Girard*. Paris: Retz, 1986.

To Honor René Girard. Presented on the Occasion of his Sixtieth Birthday by Colleagues, Students, Friends. Stanford French and Italian Studies 34. Saratoga, CA: Anma Libri, 1986.

LERMEN, Hans-Jürgen. *Raymund Schwagers Versuch einer Neuinterpretation der Erläsungstheologie im Anschluss an René Girard*. Mainz: Unveräffentlichte Diplomarbeit, 1987.

LASCARIS, André. *Advocaat van de Zondebok: Het Werk van René Girard en het Evangelie van Jezus*. Hilversum: Gooi & Sticht, 1987.

BEEK, Wouter van (org.). *Mimese en Geweld: Beschouwingen over het Werk van René Girard*. Kampen: Kok Agora, 1988.

HAMERTON-KELLY, Robert G. (org.). *Violent Origins: Walter Burkert, Rene Girard, and*

Jonathan Z. Smith on Ritual Killing and Cultural Formation. Stanford: Stanford University Press, 1988. (Este livro será publicado na Biblioteca René Girard)

GANS, Eric. *Science and Faith: The Anthropology of Revelation*. Savage, MD: Rowman & Littlefield, 1990.

ASSMANN, Hugo (org.). *René Girard com Teólogos da Libertação: Um Diálogo sobre Ídolos e Sacrifícios*. Petrópolis: Vozes, 1991. Tradução para o alemão: *Gätzenbilder und Opfer: René Girard im Gespräch mit der Befreiungstheologie*. (Beiträge zur mimetischen Theorie 2). Thaur, Münster: Druck u. Verlagshaus Thaur, LIT-Verlag, 1996. Tradução para o espanhol: *Sobre Ídolos y Sacrificios: René Girard con Teólogos de la Liberación*. (Colección Economía-Teología). San José, Costa Rica: Editorial Departamento Ecuménico de Investigaciones, 1991.

ALISON, James. *A Theology of the Holy Trinity in the Light of the Thought of René Girard*. Oxford: Blackfriars, 1991.

RÉGIS, J. P. (org.). *Table Ronde Autour de René Girard*. (Publications des Groupes de Recherches Anglo-américaines 8). Tours: Université François Rabelais de Tours, 1991.

WILLIAMS, James G. *The Bible, Violence, and the Sacred: Liberation from the Myth of Sanctionated Violence*. Prefácio de René Girard. San Francisco: Harper, 1991.

LUNDAGER JENSEN, Hans Jürgen. *René Girard*. (Profil-Serien 1). Frederiksberg: Forlaget Anis, 1991.

HAMERTON-KELLY, Robert G. *Sacred Violence: Paul's Hermeneutic of the Cross*. Minneapolis: Augsburg Fortress, 1992. (Este livro será publicado na Biblioteca René Girard)

McKENNA, Andrew J. (org.). *Violence and Difference: Girard, Derrida, and Deconstruction*. Chicago: University of Illinois Press, 1992.

Livingston, Paisley. *Models of Desire: René Girard and the Psychology of Mimesis*. Baltimore: The Johns Hopkins University Press, 1992.

Lascaris, André e Weigand, Hans (orgs.). *Nabootsing: In Discussie over René Girard*. Kampen: Kok Agora, 1992.

Golsan, Richard J. *René Girard and Myth: An Introduction*. Nova York e Londres: Garland, 1993 (Nova York: Routledge, 2002). (Este livro será publicado na Biblioteca René Girard)

Gans, Eric. *Originary Thinking: Elements of Generative Anthropology*. Stanford: Stanford University Press, 1993.

Hamerton-Kelly, Robert G. *The Gospel and the Sacred: Poetics of Violence in Mark*. Prefácio de René Girard. Minneapolis: Fortress Press, 1994.

Binaburo, J. A. Bakeaz (org.). *Pensando en la Violencia: Desde Walter Benjamin, Hannah Arendt, René Girard y Paul Ricoeur*. Centro de Documentación y Estudios para la Paz. Madri: Libros de la Catarata, 1994.

McCracken, David. *The Scandal of the Gospels: Jesus, Story, and Offense*. Oxford: Oxford University Press, 1994.

Wallace, Mark I. e Smith, Theophus H. *Curing Violence: Essays on René Girard*. Sonoma, CA: Polebridge Press, 1994.

Bandera, Cesáreo. *The Sacred Game: The Role of the Sacred in the Genesis of Modern Literary Fiction*. University Park: Pennsylvania State University Press, 1994. (Este livro será publicado na Biblioteca René Girard)

Alison, James. *The Joy of Being Wrong: An Essay in the Theology of Original Sin in the Light of the Mimetic Theory of René Girard*. Santiago de Chile: Instituto Pedro de Córdoba, 1994. (Este livro será publicado na Biblioteca René Girard)

LAGARDE, François. *René Girard ou la Christianisation des Sciences Humaines*. Nova York: Peter Lang, 1994.

TEIXEIRA, Alfredo. *A Pedra Rejeitada: O Eterno Retorno da Violência e a Singularidade da Revelação Evangélica na Obra de René Girard*. Porto: Universidade Católica Portuguesa, 1995.

BAILIE, Gil. *Violence Unveiled: Humanity at the Crossroads*. Nova York: Crossroad, 1995.

TOMELLERI, Stefano. *René Girard. La Matrice Sociale della Violenza*. Milão: F. Angeli, 1996.

GOODHART, Sandor. *Sacrificing Commentary: Reading the End of Literature*. Baltimore: Johns Hopkins University Press, 1996.

PELCKMANS, Paul e VANHEESWIJCK, Guido. *René Girard, het Labyrint van het Verlangen: Zes Opstellen*. Kampen/Kapellen: Kok Agora/Pelcckmans, 1996.

GANS, Eric. *Signs of Paradox: Irony, Resentment, and Other Mimetic Structures*. Stanford: Stanford University Press, 1997.

SANTOS, Laura Ferreira dos. *Pensar o Desejo: Freud, Girard, Deleuze*. Braga: Universidade do Minho, 1997.

GROTE, Jim e McGEENEY, John R. *Clever as Serpents: Business Ethics and Office Politics*. Minnesota: Liturgical Press, 1997. (Este livro será publicado na Biblioteca René Girard)

FEDERSCHMIDT, Karl H.; ATKINS, Ulrike; TEMME, Klaus (orgs.). *Violence and Sacrifice: Cultural Anthropological and Theological Aspects Taken from Five Continents*. Intercultural Pastoral Care and Counseling 4. Düsseldorf: SIPCC, 1998.

SWARTLEY, William M. (org.). *Violence Renounced: René Girard, Biblical Studies and Peacemaking*. Telford: Pandora Press, 2000.

FLEMING, Chris. *René Girard: Violence and Mimesis*. Cambridge: Polity, 2000.

ALISON, James. *Faith Beyond Resentment: Fragments Catholic and Gay.* Londres: Darton, Longman & Todd, 2001. Tradução para o português: *Fé Além do Ressentimento: Fragmentos Católicos em Voz Gay.* São Paulo: Editora É, 2010.

ANSPACH, Mark Rogin. *A Charge de Revanche: Figures Élémentaires de la Réciprocité.* Paris: Editions du Seuil, 2002. (Este livro será publicado na Biblioteca René Girard)

GOLSAN, Richard J. *René Girard and Myth.* Nova York: Routledge, 2002. (Este livro será publicado na Biblioteca René Girard)

DUPUY, Jean-Pierre. *Pour un Catastrophisme Éclairé. Quand l'Impossible est Certain.* Paris: Editions du Seuil, 2002. (Este livro será publicado na Biblioteca René Girard)

JOHNSEN, William A. *Violence and Modernism: Ibsen, Joyce, and Woolf.* Gainesville, FL: University Press of Florida, 2003. (Este livro será publicado na Biblioteca René Girard)

KIRWAN, Michael. *Discovering Girard.* Londres: Darton, Longman & Todd, 2004. (Este livro será publicado na Biblioteca René Girard)

BANDERA, Cesáreo. *Monda y Desnuda: La Humilde Historia de Don Quijote. Reflexiones sobre el Origen de la Novela Moderna.* Madri: Iberoamericana, 2005. (Este livro será publicado na Biblioteca René Girard)

VINOLO, Stéphane. *René Girard: Du Mimétisme à l'Hominisation, la Violence Différante.* Paris: L'Harmattan, 2005. (Este livro será publicado na Biblioteca René Girard)

INCHAUSTI, Robert. *Subversive Orthodoxy: Outlaws, Revolutionaries, and Other Christians in Disguise.* Grand Rapids, MI: Brazos Press, 2005. (Este livro será publicado na Biblioteca René Girard)

FORNARI, Giuseppe. *Fra Dioniso e Cristo. Conoscenza e Sacrificio nel Mondo Greco e nella Civiltà Occidentale.* Gênova-Milão: Marietti, 2006. (Este livro será publicado na Biblioteca René Girard)

ANDRADE, Gabriel. *La Crítica Literaria de René Girard.* Mérida: Universidad del Zulia, 2007.

HAMERTON-KELLY, Robert G. (org.). *Politics & Apocalypse.* East Lansing, MI: Michigan State University Press, 2007. (Este livro será publicado na Biblioteca René Girard)

LANCE, Daniel. *Vous Avez Dit Elèves Difficiles? Education, Autorité et Dialogue.* Paris, L'Harmattan, 2007. (Este livro será publicado na Biblioteca René Girard)

VINOLO, Stéphane. *René Girard: Épistémologie du Sacré.* Paris: L'Harmattan, 2007. (Este livro será publicado na Biblioteca René Girard)

OUGHOURLIAN, Jean-Michel. *Genèse du Désir.* Paris: Carnets Nord, 2007. (Este livro será publicado na Biblioteca René Girard)

ALBERG, Jeremiah. *A Reinterpretation of Rousseau: A Religious System.* Nova York: Palgrave Macmillan, 2007. (Este livro será publicado na Biblioteca René Girard)

DUPUY, Jean-Pierre. *Dans l'Oeil du Cyclone – Colloque de Cerisy.* Paris: Carnets Nord, 2008. (Este livro será publicado na Biblioteca René Girard)

DUPUY, Jean-Pierre. *La Marque du Sacré.* Paris: Carnets Nord, 2008. (Este livro será publicado na Biblioteca René Girard)

ANSPACH, Mark Rogin (org.). *René Girard.* Les Cahiers de l'Herne n. 89. Paris: L'Herne, 2008. (Este livro será publicado na Biblioteca René Girard)

DEPOORTERE, Frederiek. *Christ in Postmodern Philosophy: Gianni Vattimo, Rene Girard, and Slavoj Zizek.* Londres: Continuum, 2008.

PALAVER, Wolfgang. *René Girards Mimetische Theorie. Im Kontext Kulturtheoretischer und Gesellschaftspolitischer Fragen.* 3. Auflage. Münster: LIT, 2008.

BARBERI, Maria Stella (org.). *Catastrofi Generative - Mito, Storia, Letteratura.* Massa: Transeuropa Edizioni, 2009. (Este livro será publicado na Biblioteca René Girard)

ANTONELLO, Pierpaolo e BUJATTI, Eleonora (orgs.). *La Violenza Allo Specchio. Passione e Sacrificio nel Cinema Contemporaneo.* Massa: Transeuropa Edizioni, 2009. (Este livro será publicado na Biblioteca René Girard)

RANIERI, John J. *Disturbing Revelation – Leo Strauss, Eric Voegelin, and the Bible.* Columbia, MO: University of Missouri Press, 2009. (Este livro será publicado na Biblioteca René Girard)

GOODHART, Sandor; JORGENSEN, J.; RYBA, T.; WILLIAMS, J. G. (orgs.). *For René Girard. Essays in Friendship and in Truth.* East Lansing, MI: Michigan State University Press, 2009.

ANSPACH, Mark Rogin. *Oedipe Mimétique.* Paris: Éditions de L'Herne, 2010. (Este livro será publicado na Biblioteca René Girard)

MENDOZA-ÁLVAREZ, Carlos. *El Dios Escondido de la Posmodernidad. Deseo, Memoria e Imaginación Escatológica. Ensayo de Teología Fundamental Posmoderna.* Guadalajara: ITESO, 2010. (Este livro será publicado na Biblioteca René Girard)

ANDRADE, Gabriel. *René Girard: Un Retrato Intelectual.* 2010. (Este livro será publicado na Biblioteca René Girard)

índice analítico

Aborto, 195
  questão do, 86, 155, 158
Absoluto
  confiança no, 127
Aceleração mimética, 214
Aculturação, 128
Agnosticismo, 175
Alquimia, 105
América indígena
  destruição da, 25
Amnésia imediata
  fenômeno de, 221
Antagonismo
  contaminação do, 59
Antagonista
  contaminação do, 49
Anticristo
  ação do, 206
  noção de, 88, 125
Antissemitismo, 145
  cristão, 145
Antropologia
  evangélica, 168, 178, 185, 207
  versus antropologia filosófica, 169
Apedrejamento, 209-10, 212-14
  institucional, 211
  pelo avesso, 216
  recusa do, 215
Apocalipse, 207, 218
  anúncio do, 160
  e ciência, 161
  etimologia de, 43
  joanino, 88
Arcaico
  nostalgia do, 122
Aristóteles, 112
Ascenção
  social, 148
Assassinato
  coletivo, 198
  fundador, 32, 67, 72, 169, 198, 210-11, 227
  universalidade do, 144
Ateísmo, 75, 231
  moderno, 178
Autonomia
  ilusão de, 47, 69
Bem
  dimensão espiritual do, 192
Bíblia
  como passagem entre o sacrificial e o não sacrificial, 146
Bíblico
  como resistência ao mecanismo do bode expiatório, 81
Bode expiatório, 32, 176
  arcaico, 65
  como fonte de ilusão, 62
  como fundador do império, 198
  Édipo como, 65
  eficácia do, 61
  funcionalidade do mecanismo do, 62
  inocência veterotestamentária do, 145
  mecanismo do, 35, 169, 213
  reconciliador, 79
  recusa ao sistema do, 74

retorno provisório
do, 205
revelação bíblica
do mecanismo do,
145
revelação do
mecanismo do, 33
sinal do, 207
sistema do, 38, 71
transformação do
rei em, 64
Bondade natural
crença na, 92
Canibalismo, 200
Caridade, 205
Catástrofe
absoluta, 159
anúncio da, 170
Catecismo, 180, 223
Catolicismo, 178
Ceticismo, 223, 226
Ciência
como reflexão
dessacralizada, 108
como Revelação,
111
e ateísmo, 161
e civilizações não
cristãs, 106
experimental, 107
invenção pagã da,
106
sucessos da, 108
Cientificismo, 36
Cinismo, 57
Circularidade
entre vítima e algoz,
213
Ciúme, 51-52, 56
Civilização
extraterrestre, 162
Colonialismo, 114
Colonização da
Irlanda, 148
Complexidade
noção de, 26
Complexo
de Édipo, 159, 222
Comunismo
colapso do, 35, 136,
151, 206
Conflito mimético,
169
caráter contagioso
do, 49
Contágio mimético,
79
como mecanismo
social, 214
crítica do, 211
onipotência do, 184
Conto filosófico, 141
Contraimitação
caráter religioso
da, 61
Controle de
natalidade, 155, 158
Convergência
mimética, 213
real, 213
Conversão, 33, 38,
110, 226
de Paulo, 84
intelectual, 223
Coqueteria, 192
Correspondência
entre cristianismo e
marxismo, 38
entre fé e
inteligência, 168
entre fé e razão, 175
entre marxismo e
cristianismo, 161,
191
entre simbolismo
evangélico e teoria
mimética, 167
Criacionismo, 194-95
Crise de
indiferenciação, 131
Crise mimética, 31-
32, 66
do mundo atual,
132
imitação da, 62
realidade da, 66, 97
ritual, 97
Crise sacrificial, 84
Cristianismo, 37, 57,
68, 78, 85, 113, 126,
135, 160, 201, 205
apologia do, 131,
220
apologia moderna
do, 110
caráter universal
do, 117
como anúncio da
Revelação em
escala planetária,
121
como antropologia,
207
como estímulo à
ciência, 103-04
como força
hermenêutica, 207
como obstáculo à
ciência, 103
como revelação
do assassinato
fundador, 72
como saída do
religioso, 208
como superação dos
ritos, 105
como teoria do
sacrifício, 37
e desenvolvimento
da técnica, 39
e dessacralização do
real, 103

e os monges
    irlandeses, 128
e recusa do bode
    expiatório, 37
e tradição litúrgica,
    226
e unificação da
    humanidade, 40
força intelectual do,
    170
fracasso do, 170
fundamento do, 118
histórico, 34-35, 227
definição do, 84
impossibilidade
    do, 86
influência reduzida
    do, 160
na China, 129
no Japão, 129
refutação do, 162
revelador do
    religioso mítico,
    182
singularidade do,
    167
superioridade real
    do, 140
textos fundadores
    do, 117
uniformização pelo,
    143
universalização
    do, 86
verdadeiro, 208
Cristo
    encarnação do, 99
    mensagem do, 32
    morte do, 201
Crucificação, 176
Cultura humana
    assassinato
        fundador como
        origem da, 77

Cultura única, 115,
    117, 120, 124
Dança
    como ato mimético,
    93
    e sacrifício, 93
Darwinismo, 105
Demagogia mimética,
    227
Democracia, 25
    capitalista, 36
    definição de
        Churchill da, 147
    grega
        crítica à, 113
        invenção da, 112
    liberal, 25, 103
    modelo inglês da,
        149
    triunfo da, 25
    triunfo planetário
        do modelo inglês
        de, 149
Democratização
    a partir do século
        XV, 106
Desconstrução, 169
Desejo
    caráter contagioso
        do, 50
    contaminação do, 49
    de ser, 48
    em Sartre, 192
    humano, 154
    identidade do, 47
    mimético, 47, 93
    astúcias do, 52
    definições
        shakespearianas
        do, 54
    em Shakespeare, 53
    força da
        explicação do,
        188

    nas comédias
        shakespearianas,
        198
    versus desejo
        espontâneo, 48
    real, 49
    sexual, 50
    triangularidade do, 51
Desordem
    contágio da, 75
Dessacralização, 123
Direito inglês
    caráter democrático
        do, 148
Direitos humanos, 25,
    32, 103, 122, 138,
    150, 154
Divergência
    ilusão de, 213
Diversidade
    caráter humano da,
    131
    cultural
        destruição da, 123
Divindade arcaica
    como bode
        expiatório
        sacrificado, 166
Dogma, 167
    da encarnação, 172
    da trindade, 173, 175
    experiência pessoal
        do, 179
    fundamento
        antropológico do,
        168
    verdade do, 178
Duplo, 36
    vínculo, 44, 53, 64,
    91, 125
Emulação, 94
Encarnação, 175
    lógica da, 177
Erotismo, 190

índice analítico 253

Escândalo, 26, 72,
    118, 168-69, 180,
    184, 190, 211, 213
    como oposto de
        Deus, 191
Escatologia, 191
Espírito absoluto
    em Hegel, 151
Espírito Santo
    etimologia de, 167
Esteticismo decadente,
    216
Estruturalismo, 169,
    180, 193
    como idealismo da
        cultura, 193
    conquistas do, 194
Eterno retorno, 132,
    230
    superação do, 132
    superado pelo
        cristianismo, 132
Etnocentrismo, 126,
    141, 145, 167
Eu
    teologia do, 55
Eutanásia, 195
Evangelhos
    inspiração divina
        dos, 174
    leitura mimética
        dos, 170
    processo de escrita
        dos, 184
    verdade
        fundamental dos,
        183
Evidência
    angústia da, 219
Existencialismo, 169
Exotismo, 142
Êxtase místico, 152
Exterioridade
    retrocesso da, 115

Fé, 179
    como totalidade
        significante, 180
    demonstração
        científica da, 167
    mistérios da, 168,
        209
    modernista, 140
    questão de, 166,
        179
    sentido da, 127
Feminismo, 89, 111
Fideísmo, 168
Filosofia
    como ocultamento
        do assassinato
        fundador, 72
Fim da Igreja Católica
    como realização do
        cristianismo, 119
Finitude, 109
Forma(s)
    história da
        construção da(s),
        98
    história da
        destruição da(s),
        98
Fundamentalismo,
    123, 179, 195
    como dissidência
        autêntica, 196
Genocídio nazista,
    151
Globalização, 41-42,
    119, 132
Graça, 166, 199
    divina, 166
    inspiração pela, 171
Guerra
    do Golfo, 25
    Fria, 204
Heresia medieval, 152
Herói trágico, 168

Hipótese mimética,
    53, 115, 211
    elegância da
        demonstração da,
        188
    poder explicativo
        da, 66
História
    contemporânea
        como paródia do
        cristianismo,
        208
    sentido da, 139, 152
    visão catastrófica
        da, 151
Holocausto, 151, 170
Hominização
    processo de, 66
Humanidade
    história moral e
        religiosa, 174
    história sacrificial
        da, 156
    uniformização da,
        26
Humanismo, 113,
    209
    antirreligioso, 195
    como retorno do
        religioso, 127
    possível, 125
Humildade, 205
    cristã, 169
Iconoclastia
    derrota da, 99
Ideologia
    fim da, 139
    morte da, 41, 45
Idolatria, 54
Igreja católica
    como bode
        expiatório da
        mídia, 155
Iluminismo, 139, 174

Imaginação
  apocalíptica, 26, 43, 160
Imitação, 31, 47-48, 53, 93, 212-13, 215
  como bode expiatório, 96
  como condição humana, 213
  crítica da, 96
  do Ocidente, 123
  eficaz, 94
  e inovação, 93
  negativa, 95
  no mundo empresarial, 95
  periódica de Cristo, 88
  potencial credor da, 94
  relativa, 97
  "rivalitária", 99
Imitatio Christi, 99, 215, 225
Imperialismo, 113, 204
Indiferenciação
  em escala planetária, 116
  pós-cristã, 133
  primitiva, 133
Individualismo
  autêntico, 216
  falso, 48
  origem cristã do, 68
Indivíduo
  moderno, 69
  versus multidão, 213
Infanticídio
  ritual do, 156-57
Influência, 47
Inglês
  como língua planetária, 120, 138

Inovação
  a partir da tradição, 220
  e tradição, 220
Integralismo islâmico, 123
Interdisciplinaridade, 31, 66, 205
Interdito, 67
  cultural, 187
  função do, 61
  sexual, 136
Interpretação figural, 74, 80, 146
Intertextualidade, 72, 228
  bíblica, 178
Intuição mimética, 218
Islâmismo, 201
Jacobinismo, 149
Jansenismo, 119
Jesus Cristo
  como Paracleto da humanidade, 215
Judaísmo, 160, 201
  fracasso do, 170
Leis psicológicas
  em Proust, 52
Liberalismo selvagem, 149
Liberdade
  jogo da, 209
Linchamento coletivo, 64
Literatura
  desrealização da, 56
  mimética, 56
Loucura
  como perda do contato com o real, 109
Machismo, 114
Má-fé
  análise sartriana da, 192

Mal
  dimensão espiritual do, 192
Marcionismo, 172
Martírio, 230
Marxismo, 35, 191
  como desvio do amor cristão, 37
  como desvio do cristianismo, 38
Masoquismo, 188
Mecanismo sacrificial
  resistência do, 206
  superação do, 44
Mecanismo vitimário, 64, 68, 82, 119
  nas tragédias shakespearianas, 198
Mediação dupla, 50
Meio ambiente
  exploração do, 162
Meritocracia
  colapso da, 87
Metafísica vazia, 215
Mídia
  poder da, 169
  sensacionalismo da, 92
Milenarismo, 35
Mimetismo, 31, 43, 48, 132, 189, 202
  agravado pela mídia, 92
  coletivo, 92
  dificuldade de reverter o, 133
  em Shakespeare, 56
  jogo do, 197, 209
  mecanismo do, 54
  que causa vítimas, 216
  que poupa as vítimas, 216

violento
lei do, 165
Mito, 32, 64, 80
como sistema de
 acusação, 73
de Édipo, 63, 65, 72,
 73, 75, 79-80, 83,
 101, 167, 182, 231
invenção do, 62
pagão, 71, 73
Modelo
multiplicação do,
 214
/obstáculo, 189
Modernidade
filósofos críticos da,
 138
Modernismo, 95
Modismo, 96
intelectual, 137, 214
Monoteísmo, 24
Morte
como obstáculo
 supremo, 189
Movimento
comparatista
 do século XIX, 229
Movimento de 1968,
 140, 191
Mulher adúltera
análise da narrativa
 da, 209-14, 216-17
Multiculturalismo,
 141
Multidão, 84, 126,
 213-14
criada pela onda de
 mimetismo, 215
mimeticamente
 mobilizada, 212
violenta, 83
Mundo
ambiguidade do,
 207

uniformização do,
 115, 121, 123,
 125, 130, 136
caráter negativo
 da, 127
Nacionalismo
retorno do, 153
Não arte, 126
lógica da, 126
Não cultura, 124
Narcisismo, 189
universitário, 172
Nazismo, 35, 38, 81,
 191
como anticristão, 37
como oposição ao
 cristianismo, 88
Necessidade
grau zero da, 126
Neopaganismo, 36,
 38, 88, 132
da multidão, 163
Nietzsche
e o nazismo, 42
Niilismo, 57, 127,
 139
cognitivo, 217
Novidade
caráter mimético
 da, 97
Objeto, 49
desaparecimento
 do, 49
essencial, 50
Obstáculo, 206, 212
culto do, 190
Ocidental
vaidade cultural do,
 124
Ocidentalização, 25
Ocidente
cristão, 98
moderno
arrogância do, 123

papel de bode
 expiatório do, 142
superioridade real
 do, 123
Ordem
como resolução de
 crises, 49
oriunda da
 desordem, 60, 66
Orgulho, 223
Originalidade
busca da, 95
imperativo da, 137
no sentido
 romântico, 230
versus imitação, 95
Paganismo, 112, 132,
 176
nostalgia do, 122
Paixão, 39, 78-79, 85,
 144, 150, 176, 211,
 215, 225, 229
como assassinato
 fundador
 não mítico, 144
como dessacralização
 do mecanismo do
 bode expiatório, 78
como relato realista,
 144
como revelação
 do assassinato
 fundador, 72
fundamento
 antropológico da,
 165
leitura sacrificial da,
 34, 85
primeiro anúncio
 da, 183
Paracleto, 166, 175,
 215
como "defensor das
 vítimas", 100

Parricídio, 64, 73, 101, 167
Patriotismo, 114
Pecado
   definição do, 156
   original, 77, 199
   e sistema mimético, 77
   interpretação do, 177
   teoria do, 92
Pensamento
   cristão, 169
   da crise, 49
   pré-cristão, 41
Perspectiva cristã
   como verdadeira, 203
   invenção da, 98
Pessoa
   etimologia de, 173
Platão, 112
   e conflito mimético, 49
Política de cotas, 150
Politicamente correto, 50, 87-89
   e etnologia, 143
   retórica do, 154
Pornografia
   e rivalidade mimética, 158
   proliferação da, 158
Pós-estruturalismo, 169, 180
Positivismo, 231
Pós-modernismo, 95
Possessão coletiva, 132
Povo eleito, 143, 170
   como "povo fechado", 142
Pressão mimética, 90

Princípio de realidade, 193
Processo stalinista, 90
Prostituição sagrada, 143
Protestantismo, 178
Provincianismo cultural
   sátira do, 141
Pseudociência, 79
Psicanálise, 37, 140, 159, 222
   e mito de Édipo, 101
   limites da, 52
Psicopatologia, 188
Pulsão da morte, 189-90
   e rivalidade mimética, 189
Puritanismo, 159
Racionalismo moderno, 194
Racismo, 114
Razão humana
   conceituada pela teoria mimética, 184
Real
   absoluto, 109
   em Albert Einstein, 108
   em Niels Bohr, 108
   natureza do, 208
   noção de, 108, 193
Realeza
   nascimento da, 65
Realismo, 24, 144
   fotográfico, 98
   girardiano, 109, 188-89
Reciprocidade, 31, 202
Reconciliação, 33, 60
   através do sacrifício, 79

Reforma, 178
Regionalismo, 138
Reino de Deus, 44, 99-100, 166
   regras do, 201
Relativismo, 42
   cultural, 112
Religião
   arcaica, 32
   como origem da cultura, 67
   visão utilitarista do, 136
Religiocentrismo, 145
Religioso
   arcaico
      enigma do, 168
      perda do sentido do, 158
   primitivo, 229
   retorno do, 123, 139, 161
Renascimento, 113, 142
Ressentimento, 147
   cristão, 42
   mimético, 91
Ressurreição, 79, 165, 181, 183
   dos corpos, 179-80
Revelação, 34, 84-86, 112, 117-19, 129-30, 139, 145, 165, 167, 170, 172, 197, 206, 213
   cristã, 71, 77, 126-27, 181, 199, 202
   eficácia da, 175
   e incerteza quanto ao futuro, 151
   evangélica, 228
   universalização cristã da, 170

Revolta
  metafísica, 128
  mitologia
    desgastada da,
    227
Revolução
  como artigo de
    consumo, 191
  Francesa, 149
  permanente, 128
Rito, 32, 80
  abandono do, 117
  caráter social do,
    118
  como criador no
    plano cultural, 105
  como crise criadora,
    97
  como
    experimentação,
    105
  como fundador da
    teologia, 106
  como fundador de
    tecnologia, 105
  como imitação
    criadora, 105
  como modelo de
    ação, 104
  invenção do, 61
  potência criadora
    do, 105
Rivalidade, 93
  mimética, 54, 67,
    99, 187
  caráter destrutivo
    da, 95
  violenta, 116
Romance, 221
Romantismo, 52, 69,
  190
Sacrifício, 53, 62
  animal
    passagem ao, 98

asteca, 122
  como dom de si
    mesmo, 199
  como forma de
    conter a violência,
    174
  como síntese da
    história religiosa,
    200
  de crianças, 143
  humano, 37, 200
  renúncia ao, 98
  ideologia do, 81
  sentido da palavra,
    35
Sadismo, 188
Sagrado, 60
  invenção do, 61
  universalidade do, 61
Salvação
  definição da, 156
Santidade, 158
  caráter mimético
    da, 97
Satanás
  caráter paradoxal
    de, 100
  como acusador,
    100, 167
  como desordem
    mimética, 100
  como ordem
    sacrificial, 100
  como o sistema
    mimético, 100
  como paródia de
    Deus, 99
  como sistema de
    acusação, 127
  etimologia de, 72,
    100, 167
Secularismo, 205
Segunda Guerra
  Mundial, 94, 150

Senso comum
  pertinência do, 109
Sexista, 89
Simbolicidade, 67
  emergência da, 68
  origem sacrificial
    da, 67
Simbolismo
  e crítica da
    imitação, 96
Simetria, 190, 216
Sistema
  cultural, 34
  de acusação, 111
  do bode expiatório
    e Stálin, 36
Girard, 220
  inexistência de
    um, 221
  mimético, 198
  eterno retorno do,
    100
  sacrificial, 75, 118
  caráter trágico
    do, 90
  como princípio da
    ordem humana,
    85
  denúncia do, 135
  falência do, 84
Social
  dessacralização
    do, 68
Socialismo, 126
Sociedade
  primitiva, 50
  sacrificial, 104
Sovietismo, 88
Stalinismo, 36, 89, 90
Surrealismo, 160, 191
Tabu do incesto, 64,
  73, 101, 167
Técnica
  e rito, 107

Tecnologia
  origem da, 104
Teologia
  cristã, 205
  origem religiosa da, 105
  pagã, 75
Teoria mimética, 215
  campo de interesse da, 206
  ceticismo em relação à, 220
  como superação das falsas causalidades, 110
  e liberdade, 217
  e liberdade individual, 215
  e o imprevisível, 108
  e paradoxo, 43, 52
  equívocos sobre a, 63
  metáfora para compreender a, 219
  metodologia da, 108
  resistência à, 54
Totalidade
  do fenômeno humano, 218
Totalitarismo, 41, 88
Tradição
  grega, 112
  judaico-cristã, 44, 112, 157
  recusa da, 113
  mau uso da, 96
Tragédia, 132
  grega, 66
Transcendência
  religiosa, 195
  social autêntica, 90

Transmissão
  insuficiência de toda, 201
Triângulo amoroso, 51, 54
Tribalismo, 45
Triunfalismo cristão, 169
Turismo
  caráter mimético do, 135
Unanimidade, 90
  ameaçada, 90
  mimética, 181, 183
  violenta, 213
União Soviética
  colapso da, 24
Universalismo, 204
  cristão, 112
Universidade
  invenção da, 112
Universo sacrificial, 84
Utilitarismo, 131
Vaidade mimética, 95
Verdade romanesca, 52
Vingança, 81, 147, 177
  impossível, 187
Violência, 43, 212
  anárquica, 166
  arbitrária, 65
  canalização ritual da, 81
  colonial, 121
  contagiosa, 36
  da desordem mimética, 80
  Deus de, 75
  estrutural, 166, 216
  humana, 176
  lei da, 165
  mimética, 33

real, 212
  sacrificial, 131
  unânime, 211
Vítima
  coletiva, 60, 68
  consagração da, 65
  defesa da, 34, 121
  descoberta atual de nova, 86
  direito da, 32, 41, 104, 150
  filosofia da, 139
  história escrita pela, 203
  imolação da, 62
  inocência da, 32, 41, 73, 145, 175, 231
  morte da, 212
  onipotência da, 88
  proteção da, 150
  real, 66
  religião da, 139
  sacralização da, 61
  sacrificial, 61, 81
  salvação da, 191
  sinal da, 75
  substituta, 61
  verdade da, 80
Vitimação
  novas formas de, 139

índice onomástico

Abelardo, 113
Afanassiev, Youri, 104
Alison, James, 227
Althusser, Louis, 23
Andrade, Oswald de, 14-15
Aristóteles, 107, 112, 162, 168-69
Barthes, Roland, 23
Bernanos, Georges, 208
Bohr, Niels, 108, 109
Borges, Jorge Luis, 110
Brejnev, Leonid, 41
Caifás, 82
Calas, 139
Cervantes, Miguel de, 24, 51
Chesterton, Gilbert Keith, 110
Churchill, Winston, 147
Cristovão Colombo, 25, 122
Corbin, Henry, 227
Corneille, Pierre, 199
Dante Alighieri, 57
Darwin, Charles, 105, 161, 194
Debray, Régis, 99
Descartes, René, 192
Diderot, Denis, 12-13, 15
Domenach, Jean-Marie, 167
Dostoiévski, Fiódor, 51, 56-57, 176
Dupuy, Jean-Pierre, 80
Durkheim, Émile, 68, 193
Einstein, Albert, 108-09
Ésquilo, 202
Faulkner, William, 65
Fiore, Joachim de, 152
Foucault, Michel, 23, 138, 139
Freud, Sigmund, 14-15, 23, 52, 68, 187-89, 191
Fukuyama, Francis, 104, 151
Gauchet, Marcel, 208
Giroud, Françoise, 228
Gorbatchev, Mikhail, 39, 40, 41
Guillebaud, Jean-Claude, 26
Heidegger, Martin, 36, 37, 57, 106-07, 113, 132, 163, 230
Herodes, 79, 144
Hobbes, Thomas, 49, 68
Jesus Cristo, 24, 32, 34-35, 57, 71, 74-75, 78-80, 82-85, 88, 99, 100, 117-18, 127, 130-31, 133-34, 143-45, 160, 165-67, 170-79, 181-84, 199-201, 207, 209-13, 215, 225, 228, 231
Joyce, James, 51, 54-57, 218
Kandinsky, Wassily, 97
Kant, Immanuel, 11
Kennedy, John F., 154
King, Martin Luther, 154
Kleist, Heinrich von, 9-13, 15
Kurosawa, Akira, 129
Lacan, Jacques, 23, 95
Lênin, Vladimir Ilitch, 23

Lévi-Strauss, Claude, 23
Lohfink, Gerhard, 227
Machado de Assis, Joaquim Maria, 10, 17
Malraux, André, 127
Malthus, Thomas, 157
Mao Tsé-Tung, 23
Marivaux, Pierre Carlet de, 24, 51, 53, 96
Marx, Carl, 24, 191
Messori, Vittorio,, 171
Michelet, Jules, 111
Molière, 51, 96, 222
Montaigne, Michel de, 94, 141, 199
Nietzsche, Friedrich, 36-38, 42, 57, 86-87, 113, 132, 182, 203, 216, 230-31
Nouykine, Andreï, 104
Paulo, 23, 33, 84, 88, 117-18, 120, 143, 176, 198, 209, 229
Pilatos, Poncio, 72, 79, 82, 92, 144
Platão, 49, 57, 71-72, 93, 112, 161, 169, 200
Plutarco, 198
Proust, Marcel, 24, 51-52, 221
Queiroz, Eça de, 17-18
Racine, Jean, 96, 199
Renan, Ernest, 171
Rousseau, Jean-Jacques, 92
Santo Agostinho, 169, 178, 228
Santo Tomás de Aquino, 168-69, 175, 178
São João, 79, 88, 130, 143, 177, 209-10
São Lucas, 79, 209
São Marcos, 82, 171
São Mateus, 79, 118-19, 128
São Paulo, 33
São Pedro, 33, 82, 143, 176, 183-84, 229
Sartre, Jean-Paul, 23, 192, 193
Satanás, 72, 75, 80, 85, 99, 100-01, 127, 167, 207, 219
Saussure, Ferdinand, de, 23
Schwager, Raymund, 227
Shakespeare, William, 18, 24, 51-57, 190, 197-99
Sócrates, 200
Sófocles, 65
Soljenitsin, Aleksandr, 36
Stalin, Joseph, 36
Stendhal, 48, 51
Tales de Mileto, 106
Tocqueville, Alexis de, 149
Treguer, Michel, 10, 15, 19, 23
Trótski, Leon, 23, 128
Villiers de l'Isle-Adam, Auguste, 56
Virgílio, 57
Voltaire, 139, 141
Von Balthazar, Hans Urs, 227
Weil, Simone, 149, 168
Woolf, Virginia, 192-93

biblioteca René Girard*
coordenação João Cezar de Castro Rocha

Dostoiévski: do duplo
à unidade
René Girard

Anorexia e desejo
mimético
René Girard

A conversão da arte
René Girard

René Girard: um retrato
intelectual
Gabriel Andrade

Rematar Clausewitz:
além *Da Guerra*
René Girard e Benoît
Chantre

Evolução e conversão
René Girard, Pierpaolo
Antonello e João Cezar
de Castro Rocha

O tempo das catástrofes
Jean-Pierre Dupuy

"Despojada e despida":
a humilde história de
Dom Quixote
Cesáreo Bandera

Descobrindo Girard
Michael Kirwan

Violência e modernismo:
Ibsen, Joyce e Woolf
William A. Johnsen

Quando começarem a
acontecer essas coisas
René Girard e Michel
Treguer

Espertos como serpentes
Jim Grote e John
McGeeney

O pecado original à luz
da ressurreição
James Alison

Violência sagrada
Robert Hamerton-Kelly

Aquele por quem o
escândalo vem
René Girard

O Deus escondido da
pós-modernidade
Carlos Mendoza-Álvarez

Deus: uma invenção?
René Girard, André
Gounelle e Alain Houziaux

Teoria mimética: a obra
de René Girard (6 aulas)
João Cezar de Castro
Rocha

René Girard: do
mimetismo à hominização
Stéphane Vinolo

O sacrifício
René Girard

O trágico e a piedade
René Girard e Michel
Serres

* A Biblioteca reunirá cerca de 60 livros e os títulos acima serão os primeiros publicados.

Dados Internacionais de Catalogação na Publicação (CIP)
(Câmara Brasileira do Livro, SP, Brasil)

Girard, René
  Quando começarem a acontecer essas coisas: diálogos com Michel Treguer / René Girard; tradução Lilia Ledon da Silva. – São Paulo: É Realizações, 2011.

  Título original: Quand ces choses commenceront.
  ISBN 978-85-8033-033-5

  1. Antropologia 2. Cristianismo 3. Girard, René, 1923 – Entrevistas I. Título.

11-07451   CDD-306

Índices para catálogo sistemático:
1. Estudos antropológicos: Antropologia cultural: Sociologia   306

Este livro foi impresso pela Prol Editora Gráfica para É Realizações, em agosto de 2011. Os tipos usados são da família Rotis Serif Std e Rotis Semi Sans Std. O papel do miolo é pólem bold 90g, e o da capa, cartão supremo 300g.